»Nein, Torben-Jasper,
du hast keinen Telefonjoker.«

Thorsten Wiese

Thorsten Wiese

»Nein, Torben-Jasper, du hast keinen Telefonjoker.«

Referendare erzählen vom täglichen Klassen-Kampf

Bibliografische Information der Deutschen Nationalbibliothek
Die Deutsche Nationalbibliothek verzeichnet diese Publikation in der Deutschen Nationalbibliografie. Detaillierte bibliografische Daten sind im Internet über http://d-nb.de abrufbar.

Für Fragen und Anregungen
info@rivaverlag.de

Originalausgabe
3. Auflage 2018

Nymphenburger Straße 86
D-80636 München
Tel.: 089 651285-0
Fax: 089 652096

Redaktion: Antje Steinhäuser, München
Umschlaggestaltung: Kristin Hoffmann, München
Umschlagabbildung: iStockphoto
Satz: Georg Stadler, München
Druck: CPI books GmbH, Leck
Printed in Germany

ISBN Print: 978-3-86883-343-0
ISBN E-Book (PDF): 978-3-86413-428-9
ISBN E-Book (EPUB, Mobi) 978-3-86413-429-6

Inhalt

Willkommen im Klassen-Kampf!

»Wir freuen uns, Ihnen mitteilen zu können, dass Sie zum Vorbereitungsdienst für das Lehramt zugelassen werden. Voraussetzung ist, dass ein Führungszeugnis ohne negative Eintragungen vorliegt.« Ein kurzer Brief, ein nüchterner Satz – so sachlich, schlicht und formal korrekt, dass die Ungewissheit der bevorstehenden zwei Jahre plötzlich klar vor einem liegen. »Einzelheiten zu Ihrem Dienstantritt werden Ihnen in einem gesonderten Schreiben mitgeteilt.« So fängt es an, das Referendariat – und für manchen fühlt es sich an, als höre es nie mehr auf.

Eben noch Oberseminar, jetzt Unterstufe: Wer das erste Staatsexamen anstrengend und nervenaufreibend fand, wird nun eines Besseren belehrt. Hoppla, da ist noch jede Menge Luft nach oben! Denn für den Nahkampf an der Bildungsfront fühlen sich die meisten nicht gut ausgestattet. Und so heißt es zwei Jahre lang: Pädagogik-Bootcamp, Augen zu und durch.

Unter ständiger Beobachtung, herabgewürdigt zum Spielball der persönlichen Eitelkeiten mancher Kollegen und in den Wahnsinn getrieben von wunderlichen Mit-Referendaren, die das Versprechen auf einen sicheren Arbeitsplatz ebenso anzieht, warten zwei Jahre Klassen-Kampf auf die angehenden Schulmeister. Mit dem Rücken zur Tafel, mit den Nerven am Ende und mit grauer Theorie im Kopf müssen sie als Neuling an der Schule ihren Platz finden, bis tief in die Nacht Unterricht vorbereiten, zur Prüfung bloß die Lieblingskekse des Seminarleiters nicht vergessen und dabei versuchen, sich so etwas wie ein Privatleben zu erhalten.

Und dann sind da ja auch noch die Schüler. Zwischen den Pausen der Clown, der Buhmann, der Dorfpolizist, die Krankenschwester sein – so haben sich das viele nicht vorgestellt. Nach einigen Monaten weicht der unbedingte Drang zur Erziehungsaufgabe der Aufgabe jeglicher Erziehungsabsichten. Überfordert, unterbezahlt und reichlich desillusioniert wächst die Erkenntnis: Einige Schüler wollen gar nichts lernen. Und das ist kein Wunder, bei den Eltern!

Despotische Männer, schrullige alte Frauen, kleine Missgeschicke und große Desaster vor versammelter Klasse – von all dem erzählen die Referendare in diesem Buch. Die Seminarleiterinnen Frau Weingart oder Frau Degener, ein Mentor wie Herr Gessner, Mit-Referendare wie André oder Lars und Schülerinnen und Schüler wie Cem, Leon-Justin, Sarah-Cheyenne und Chantal – sie alle mögen in Wirklichkeit anders heißen. Aber jeder kennt sie. Auch Tanja Rohwedder und Alexander Schweizer mögen einen anderen Vor- oder Nachnamen tragen und vielleicht absolvieren sie ihr Referendariat nicht in Celle oder Gelsenkirchen. Wichtig ist: Ihre Geschichte ist wahr.

Von Schleswig-Holstein bis Bayern, ob Grundschule oder Gymnasium – hier berichten Referendare vom täglichen Wahnsinn zwischen Lehrprobe und Lärmtoleranz, zwischen Überforderung und Unterschichtenfernsehen, zwischen Furchtlosigkeit und Idealismus. Willkommen im Klassen-Kampf!

Du Lehrer?

Tanja Rohwedder, Hauptschule, Celle

Cem hatte guten Grund, sich in der Klasse aufzuführen, als sei er der Größte. Er war es nämlich auch. Weil er mehrmals an der Versetzung gescheitert war, hatte er es zu einer für die achte Klasse beeindruckenden Physiognomie gebracht. Nicht nur seine Mitschüler, auch mich – ein zartes Persönchen von 165 Zentimeter Höhe – überragte er gut und gerne um zwei Köpfe. Hinter seinem Rücken konnte ich mich zweimal verstecken. Heute, wenige Wochen nach unserem ersten Aufeinandertreffen, wollte Cem wieder einmal herausfinden, wie weit er gehen konnte. Ich war immer noch die Neue, er der Klassen-Chef – eine direkte Konfrontation zum Abstecken des Terrains war also regelmäßig unausweichlich.

Als ich die Klasse betrat, hatte Cem sein Revier bereits markiert – seine Füße lagen auf dem Tisch. Ich fuhr meine Krallen aus. »Cem, nimm die Schuhe vom Tisch und setz dich richtig hin. Wir wollen mit dem Unterricht anfangen.« Cem zeigte sich unbeeindruckt. Zähnefletschen seinerseits: »Was machen Sie, wenn ich nicht mache?« Ja, was mache ich dann eigentlich? An meiner Schule lernt man das sehr schnell. Der einzige Weg ist der, Konsequenzen anzudrohen, von denen ich in dem Moment auch noch nichts weiß. Im Vertrauen gesagt: Es gibt sie auch gar nicht. Die Aussicht auf eine Standpauke im Zimmer des Direktors vermag Cem nicht zu verstören. Also nähre ich meine Autorität in solchen Situationen meist mit Sätzen, die die Schüler ins Grübeln bringen, etwa: »Das wirst du dann schon sehen.« Oder: »Darauf würde ich es an deiner Stelle nicht ankommen lassen.« Im Gespräch mit Cem fiel die Wahl auf: »Das willst du gar nicht wissen.« Und weil Cem immer ziemlich genau weiß, was er will, ist er erst mal überrascht. Kaum jemand sagt ihm normalerweise, was er nicht will.

So geht das Spiel jedes Mal. An meiner Schule geht nichts ohne Quid pro quo – wenn du von den Schülern etwas willst, musst du etwas bieten. Und wenn es Drohungen sind. Es ist wie bei Hannibal Lecter und Agent Starling in *Das Schweigen der Lämmer*. Für jede Leistung (im Unterricht sitzen bleiben statt herumlaufen, Hausaufgaben machen, nicht stören …) verlangen meine Schülerinnen und Schüler eine Gegenleistung. »Was krieg ich dafür, Frau Rohwedder?« Und weil ich nicht jede Stunde Bonbons oder Kekse verteilen kann, regnet es eben wieder besagte Sätze. (Wer in diesem Spiel der Kannibale und wer die blonde Agentin ist, dazu sage ich jetzt nichts …)

Klar, im Studienseminar habe ich viel gelernt über Methoden, Didaktik und Taktieren. Im täglichen Klassen-Kampf wird all das aber schnell von Überlebensstrategien verdrängt. Denn so nett all die Theorien sind: Nett ist nur die kleine Schwester von … ihr wisst schon! Mein Kernseminarleiter empfahl uns zum Beispiel das System der Gelben und Roten Karten, um die Schüler zur Räson zu rufen. Nette Idee! Also kleines Foul: gelb. Grobes Foul oder zwei aufeinanderfolgende kleine Fouls: Platzverweis. Das klingt einleuchtend, hat bei meinen Versuchen in der achten Klasse aber wenig Ruhe ins Spiel gebracht. Denn dazu müssen die Schüler ja erst mal mitspielen wollen. In der Theorie wollen die Kinder von sich aus lernen. Einige tun das auch. Viele aber leider nicht.

Ich habe die Erfahrung gemacht, dass viele meiner Schüler gar nicht wissen, wofür die Schule überhaupt da ist. Es sind eher niedere Instinkte, die sie morgens zur Schule treiben. Meine gefühlte Statistik lautet: Deutlich mehr als die Hälfte verlässt morgens nur das Haus, weil es bei uns warm und trocken ist, Edeka erst um 9 Uhr aufmacht und die Eltern den Fernseher vormittags für sich alleine haben wollen. Entsprechend hänge ich meine Anforderungen nicht zu hoch. Ich freue mich schon, wenn die Schüler in ganzen Sätzen sprechen. Erst neulich kam ein Schüler zu mir, stellte sich vor mich, die Hände in die Seiten gestemmt, und sagte: »Fußball?« Ich schaute mich um. Lag da ein Fußball? Hatten mir Witzbolde die Haare schwarz und weiß angesprüht, ohne dass ich es bemerkt hatte? Gab es ein wichtiges Spiel im Fernsehen, das die Schüler nicht verpassen wollten? So etwas passierte mir nicht zum ersten Mal, und mittlerweile wusste ich mir nicht mehr anders zu helfen, als den Ball nach den Regeln von Robinson Crusoe und Freitag zurückzuspielen: »Tisch?«, antwortete ich, breitete hilflos die Arme aus und fand erst am Ende und zufällig heraus, dass der Schüler den Ball aus dem Klassenschrank haben wollte – das Sprechen in ganzen Sätzen aber nicht erlernt hatte.

Manchmal ist es sogar möglich, sich diese, sagen wir, direkte Form der Kommunikation zunutze zu machen. »Cem – Füße!«, wiederhole ich nun schon zum dritten Mal. Keine Reaktion. Da geht plötzlich die Tür auf.

Ein Mann steckte den Kopf herein: »Lehrer?«

Gute Frage, dachte ich, was bin ich hier eigentlich? Ich zögerte. »Ja, ich bin die Lehrerin, die Stunde hat gerade erst begonnen. Könnten Sie bitte draußen warten?«

»Du Lehrer?«

»Ja, ich Lehrer«, wiederholte ich, ein wenig lauter und forscher. »Bitte warten Sie einen Moment.«

Plötzlich fängt der Mann an, in einer fremden Sprache auf mich einzureden. Ich verstehe kein Wort von dem nicht enden wollenden Schwall von Sätzen. Die Unterrichtsdisziplin, so es sie denn in Ansätzen gab, ist im Nu hinüber. Mehrere Schülerinnen kommen nach vorn gelaufen. »Frau Rohwedder, sollen wir übersetzen?«

»Ja, bitte«, sage ich, »und fangt damit an, wer dieser Mann überhaupt ist!«

Es stellte sich heraus, dass Herr Hasan mit mir (auf Kurdisch) darüber sprechen wollte, wie sein Sohn wohl zum Besuch der Schule zu bewegen sein konnte. Nun, genau das wollte *ich* schon seit vier Wochen von *ihm* wissen: So lange war Mesut nämlich nicht mehr im Unterricht erschienen. Herr Hasan erzählte, Mesut mache jetzt so eine Art Praktikum in der Autowerkstatt seines Cousins. Davon hatte ihn offenbar auch ein Brief des Ordnungsamtes, das die Eltern auf die Schulpflicht hinwies, nicht abhalten können. Nach einer Viertelstunde unorganisierten und zähen, aber freundlichen Austauschs sagte Herr Hasan, es wäre schön, wenn wir in Zukunft regelmäßig telefonieren könnten. Ja, aber wie denn nur?, dachte ich, als Herr Hasan den Raum verließ. Aufgrund der Sprachbarriere ist es zu solchen Gesprächen danach auch tatsächlich nicht mehr gekommen. (Immerhin saß Mesut nach dem Besuch seines Vaters wieder halbwegs regelmäßig auf seinem Platz.)

Cem hatte sich in der Zwischenzeit nicht gerührt. Seine Füße lagen immer noch auf dem Tisch. »Also, Cem, was ist jetzt? Muss ich erst noch deutlicher werden?« Punkt für mich – Cem nimmt die Füße vom Tisch, und wir können mit dem Unterricht weitermachen. Yes! Ich machte innerlich die Säge. Kleine Frau ganz groß. Im Lehrerzimmer erzähle ich stolz vom Bestehen meiner

Machtprobe, die allerdings überwiegend Desinteresse auslöst. Ich verfluche das Ref. Da gehst du nach 45 Minuten schweißgebadet ins Lehrerzimmer, hast gar keinen Unterricht gemacht, weil das schlicht nicht möglich war. Und was ist der Trost? Sätze wie dieser hier von meiner Kollegin Frau Reepschläger bestimmt nicht: »Also, in der 8b habe *ich* nie Probleme. Das muss wohl an Ihnen liegen.«

Herr Gessners Marionette

Carina Huber, Gymnasium, Würzburg

Meine Freundin Yvonne ist schon vor einer Stunde nach Hause gegangen. Ich laufe jetzt, nach dem dritten Mojito, erst richtig warm. Es hat sich so viel Frust aufgestaut – es muss einfach alles mal raus. »Es ist unvorstellbar. Wir leben im 21. Jahrhundert«, sage ich zu Sandra, die mir noch gegenübersitzt und an ihrer Weißweinschorle nippt. »Habe ich dir schon erzählt, was er neulich über Frauen an der Schule gesagt hat?«

»Ja, hast du«, sagt Sandra, schon leicht genervt, und verabschiedet sich kurz mal aufs Klo.

Frank, der Barmann unserer Lieblingskneipe, wirft ihr hinter dem Tresen einen wissenden Blick zu.

Der Mann, dessen Namen ich in meinem Freundeskreis eigentlich nicht mehr erwähnen darf, ohne allergische Reaktionen zu provozieren, ist mein Mentor. Seit einem halben Jahr bin ich jetzt mit den Fächern Französisch und Deutsch an der Schule. Und seit dem ersten Tag habe ich das Gefühl, als Marionette an

Herrn Gessners Fäden hin- und hergezogen zu werden. Es wundert mich noch nicht einmal, dass ich die anderen damit nerve. Meist beiße ich mich, wenn ich einmal angefangen habe, den ganzen Abend an dem Thema fest. Es ist aber auch zu ungerecht. Welchen Mentor du an der Schule zugewiesen bekommst, kannst du nicht beeinflussen. Es ist wie mit dem Sitznachbarn auf einem Langstreckenflug: Du kannst Glück haben – du kannst aber auch voll danebengreifen. So war das bei mir.

Die Lehrer, die die Aufgabe ein wenig lustlos nebenher erledigen, ohne großen Einsatz, kann ich ja noch verstehen. »Herr Werner hilft mir nicht viel – aber ich kann wenigstens ruhig schlafen.« So ist das bei Sandra. Sie bringt sogar Verständnis für ihren Mentor auf: »Für die Lehrer ist es auch nicht einfach. Ich löchere ihn mit Fragen über Fragen, er muss alle Klausuren zweitkorrigieren, trägt die Verantwortung für meinen Unterricht, meine Hausaufgabenstellungen und meine Noten zusätzlich mit – und kriegt dafür gerade einmal eine Unterrichtsstunde pro Woche gutgeschrieben. Das kann schon undankbar sein.«

Ihre Probleme hätte ich gern. Klar, es gibt Betreuungslehrer, die sagen: »Junge Kollegin, du hast das erste Staatsexamen bestanden, du weißt schon, was du tust.« Sie fragen freundlich, wann es dir passen würde, einen Unterrichtsbesuch zu vereinbaren. Sie lassen dir also weitgehend freie Hand und berücksichtigen, dass du in der Ausbildung bist. Das kann für den Referendar spannend und lehrreich sein. So ist es wohl auch gedacht.

Aber dann gibt es eben auch die, die sich als zweiter Seminarleiter aufspielen, weil sie selbst mal einer werden wollen. Sie sind vor allem daran interessiert, dir ihre Sicht der Dinge aufzuzwingen. So wie Herr Gessner. Ihm gefällt am Mentor-Sein eigentlich nur eins: dass er sein enzyklopädisches Wissen, seine alttestamentarischen Ansichten und seine Didaktik der alten Schule weitergeben kann. Wenn Gott Adam aus einem Erdklumpen formte und Eva aus einer von Adams Rippen, nimmt sich Herr Gessner einen der schüchternen Klumpen, als die die neuen Referendare an der Schule angeliefert werden, und bearbeitet ihn so lange auf seiner Drehscheibe, bis er zufrieden ist. Das sieht auch vor, deinen Unterricht zu den unpassendsten Zeiten zu besuchen. Einmal kam er am Tag nach einer Lehrprobe – in der Regel sagt der Referendar in solchen Stunden nur Danke und gibt Kuchen aus. Warum also einen Unterrichtsbesuch zu dieser Zeit ansetzen? Einmal kam er in der letzten Stunde vor den Weihnachtsferien und einmal in einer Intensivierungsstunde meiner sechsten Klasse – eine Stunde, in der – wie der Name schon sagt – nur alter Stoff wiederholt wird. Geschenkt. Aber hinterher durfte ich mir ordentlich was anhören. Wir saßen zusammen und reflektierten die Stunde. Er reichte mir seine Aufzeichnungen über den Tisch: Der Rand meines Unterrichtsentwurfs, den ich ihm in Kopie eingereicht hatte, war mit Urteilen wie »Igitt!!« und »Bäh!« übersät. Aber fangen wir von vorn an. Herr Gessner und ich müssen eng zusammenarbeiten. Ich sehe ihn fast jeden Tag an der Schule. Am Ende wird er an der Beurteilung über mich mitschreiben. Und ich hätte mir nicht vorstellen können, dass es so schlimm wird.

Einige seiner Sprüche (Sandra kennt sie schon alle), die ich schon zu hören bekam, lauten:

»Im Unterstufenunterricht wird mir immer so schlecht.«

»Man sieht erst, wie gut ein Mensch arbeitet, wenn er unter Druck steht.«

»Da irrt das Wörterbuch wohl.« (Nachdem ich ihn darauf hingewiesen hatte, dass man sowohl »discuter de« als auch »discuter sur« sagen kann.)

»Früher haben Schüler noch ordentlich gelernt. Aber dann durften irgendwann auch Frauen unterrichten. Und die wollen immer nur spielen.«

Na, jedenfalls machen Frauen tatsächlich seltener einen autoritären Kraftbeweis aus einer Stunde: Als ich zuletzt die Stimme erhob, um einen Schüler zurechtzuweisen, kam nur ein hysterisches Kreischen heraus.

»Ist so einer denn verheiratet?«, fragt Sandra, als sie sich wieder am Tisch niederlässt.

»Keine Ahnung«, antworte ich. »Privat weiß ich so gut wie nichts über ihn. Es trauen sich wenige, überhaupt etwas über ihn zu sagen.« Hinter vorgehaltener Hand wird getuschelt, er sei mal an der Uni gewesen, habe sich aber mit der Institutsleitung überworfen und wurde deshalb gebeten zu gehen. Seitdem sei er an der Schule, im Herzen strebe er aber immer noch nach akademischen Weihen. So erkläre sich wohl auch, dass er zu jeder erdenklichen Unterrichts- und Lebenssituation eine lateinische, wahlweise griechische Weisheit parat hat.

Gern beginnt er Sätze auch mit: »Wie schon Feuerbach sagte …« Er reiht die Sinnsprüche hintereinander, als laste die Verantwortung für die Rettung der Altphilologie auf dieser Welt allein auf seinen Schultern. Daran trägt er schwer. Um es vorsichtig auszudrücken: Er ist nicht nur im Kopf ein alter Knochen – seine Einstellung hat auch außen abgefärbt. Er soll so um die 45 Jahre alt sein. Wer ihn sieht, schätzt ihn deutlich älter. Mich erinnert er immer an Karl Valentin. Er ist sehr groß und dünn, trägt stets einen dunklen Anzug mit Einstecktuch und strahlt eine unglaubliche Autorität aus. Würde er eine Weste tragen, würde an der Seite die Kette einer Taschenuhr hervorlugen. Auch ein Monokel würde zu ihm passen (hat er aber nicht), und es kann nur ein Gerücht sein, das besagt, er sei einmal vor mehr als zehn Jahren an einem Samstag in München in einer Jeans (!) beim Einkaufen auf der Kaufingerstraße gesichtet worden.

Apropos: Ich fand meine Stunde zu »Les vêtements« ganz gelungen: Was heißen »Jacke«, »Hose«, »Schuhe«, »sich anziehen« auf Französisch? Selbst bei David, der in Französisch selten etwas blickt, war einiges hängen geblieben. Herr Gessner kommentierte allerdings: »Liebes Fräulein Huber, Ihre Mühe in allen Ehren. Aber wer nicht Triangel spielen kann, studiert ja auch nicht Musik.« Wo ich denn meine »wunderlichen Methoden« für die Wissensvermittlung hernähme? Äh, aus dem Seminar vielleicht? Darüber braucht man mit ihm aber gar nicht erst das Diskutieren anzufangen. Bei der Didaktik hat er halt seine Meinung, und die steht über allem. Fachlich ist er dazu wirklich unangreifbar. An der Schule wird erzählt, die Fachbereichsleiterin habe ihm vor einigen Jahren einmal nahegelegt, Abstriche bei seinen überhöhten Anforderungen zu machen – in seinen Klassenarbeiten liegt der Notenschnitt nicht selten bei 4,5. Und er ist stolz darauf. Herr Gessner entgegnete der Frau, wohlgemerkt in gewisser Hinsicht seine Vorgesetzte, er wolle sich nicht auf ihr Bildungsniveau herablassen.

Und so bleiben auch in diesem Jahr wenigsten drei seiner Schüler kleben. Der Rest lebt in Angst und Schrecken und streicht alle Hobbys und Annehmlichkeiten aus seinem Lebensplan, solange sie Herrn Gessner haben.

»Haben sich denn nie Eltern bei der Schulleitung beschwert oder so was?«, fragt Sandra.

»Nicht, dass ich das in der kurzen Zeit mitbekommen hätte.« Es ist zwar selbst unter den Eltern weithin bekannt: Wenn dein Kind Herrn Gessner in Latein oder Französisch bekommt, dann heißt es: Alea iacta est. Der Würfel ist gefallen. Du musst dich in dein Schicksal ergeben. Die Kinder lernen nur noch, und bei den Eltern müssen Karriere, Dachbodenausbau und Nachmittage auf der Terrasse hintanstehen, damit die Versetzung des Nachwuchses nicht gefährdet ist. Aber es gibt, gerade hier in Bayern, viele, die seine konservative Attitüde begrüßen. Und es hat auch etwas Gutes: Für die Oberstufenschüler, die sich mit Nachhilfe etwas dazuverdienen, ist Herr Gessner ein Konjunkturprogramm auf zwei Beinen.

»Ich bin ja auch für gute Leistungen und fleißige Schüler«, sage ich zu Sandra. »Aber Gessner gibt mir das Gefühl, dass er überhaupt nicht auf meiner Seite steht.« Sein Hauptkritikpunkt (wahrscheinlich neben dem, dass ich eine Frau bin): Ich sei ein Kind der neuen modernen Didaktik, die will, dass alle durchkommen – und er selbst stelle eben andere Anforderungen. Ich bin die Einzige, die ihn siezen muss. Im Kollegium duzen sich eigentlich alle untereinander, und auch die anderen Betreuungslehrer haben mir gleich das Du angeboten. Das ist an der Schule so üblich. Bis auf eine Ausnahme – Herrn Gessner.

Einmal ist er richtig aus der Haut gefahren. Es gab einen veritablen Eklat im Lehrerzimmer. Der Hintergrund: Als Ref muss ich alle Klassenarbeiten, die ich meinen Schülern stelle, an die Seminarleiterin geben. Die fragt mich dann immer, warum ich das Niveau derart hochhänge. Wie soll ich mich verhalten? Herr Gessner hatte von mir verlangt, dass ich die Angleichung des Passé composé bei vorangestelltem direkten Objekt in den Grammatikteil der Arbeit aufnehme. Ich sagte, das kommt doch im Lehrplan erst später. Und bekam einen Einlauf zurück: »Was maßen Sie sich an? Ich frage mich wirklich, wo Sie junge Frau Ihr Selbstbewusstsein hernehmen, mir zu widersprechen!« Und schließlich zeige meine Bemerkung nur, was ich im Unterricht alles noch nicht geschafft hätte. Lektionen wohlgemerkt, die erst in Wochen auf dem Plan stehen.

Wer nicht mit der Zeit geht, *muss* mit der Zeit gehen – na, zumindest meine Erfahrung aus dem Lehrerkollegium besagt das nicht. Bis ich gehe, gebe ich mir weiter Mühe.

»Ich zahle«, sage ich zu Sandra – das bin ich ihr heute schuldig.

Die nackte Autorität

Alexander Schweizer, Gymnasium, Gelsenkirchen

Zu den ersten und wichtigsten Aufgaben als neuer Referendar gehört es, sich Autorität bei den Schülern zu verschaffen. Sonst gehst du schneller unter als ein Mafiaopfer im Golf von Neapel. Was trägt zur Autoritätsbildung bei? Am besten legst du gleich am Anfang eine Superstunde hin. Du darfst dir keine Fehler erlauben – sonst nehmen dich deine Schüler nicht ernst. Eine Mitreferendarin von mir hat zum Beispiel in ihrem Französisch-Unterricht einmal die Frage eines Schülers nach einer Vokabel mit einer Klassenabstimmung quittiert. Die Schüler durften Vorschläge machen, was *jumeau* auf Deutsch heißt (Zwilling). Das war lustig gemeint, aber so etwas geht natürlich nicht. Du darfst nicht den leisesten Zweifel an deinem Wissensvorsprung aufkommen lassen.

Der zweite wichtige Stützpfeiler deiner Autorität: Du musst eine Lehrerpersönlichkeit sein, so nennt die pädagogische Wissenschaft das ja gern. Denn die fachliche Komponente ist wenig bis nichts ohne die menschliche. Ich weiß das. Denn ich war in meiner ersten Woche des Ref kurz davor, bei diesem Thema alles zu verspielen. Es hätte nicht mehr viel gefehlt, und ich hätte zwar einen eindrucksvollen Beitrag zur Geschichte meiner Schule geleistet – andererseits allerdings meine Laufbahn dort unfreiwillig beendet, bevor sie überhaupt richtig begonnen hatte.

Und das kam so: Meine Einsatzschule ist ein ziemlich großes Gymnasium mit etwa 100 Kollegen. Da war ich froh über den Hinweis, dass am Freitagnachmittag in der großen Turnhalle die Lehrersportgruppe zusammenkam. Dort wollte ich meine Kollegen kennenlernen und Kontakte möglicherweise auch für die Freizeitgestaltung knüpfen. Denn nach meinem Studium in Münster war ich nach Gelsenkirchen gekommen, und außer Schalke 04 kannte ich in der Stadt nichts und niemanden. Also auf zum Lehrersport.

Was ich nicht ahnte: In dieser meiner zweiten Woche an der Schule waren zum Freitagssport nur Kolleg*innen* da. Es kommt halt jedes Mal, wer gerade Zeit hat – und vom männlichen Lehrkörper war das wohl diese Woche nur ich. Für Fußball oder Basketball wäre das unbefriedigend gewesen, aber für Badminton spielte es kaum eine Rolle. Wir waren insgesamt zu acht – für vier Doppel ging die Rechnung also genau auf. Die Damen strebten der Umkleide rechts des Eingangs zu, Gisela, die Sportkollegin mit dem Hallenschlüssel, schloss mir die Männerumkleide zur Linken auf. Alle zogen sich um, und los ging es mit dem Spiel. Nach knapp zwei Stunden hatten wir genug. Abgekämpft ging ich zurück in meine Umkleide, zog mein Waschzeug und meine Badeschlappen aus der Tasche, stellte mich im angrenzenden Duschraum unter die Brause und ließ mir gemütlich das Wasser über den Körper laufen. Immer wieder drückte ich auf den Knopf und dachte über die zurückliegende Woche nach. Bisher konnte ich ganz zufrieden sein.

Als ich gerade wieder einmal das Wasser anstellen wollte, hörte ich in der Umkleidekabine Geräusche. Ehrlich gesagt – es war urplötzlich sogar ziemlich laut nebenan. War denn jetzt noch Unterricht? Klar, in der Oberstufe gibt es auch Nachmittagskurse. Es war also möglich, dass sich nebenan Schüler umzogen. Mein Blick fiel durch den schmalen Türspalt. Ich sah eine lange Garderobenbank und darunter ein Paar Schuhe. Ein Paar hohe Schuhe! Die Stimmen, die von außen in die Dusche drangen, ließen dann keinen Zweifel mehr zu: Das da draußen war ein Oberstufenkurs, und zu meinem Schrecken der weibliche Teil davon. Also mindestens zehn 16- bis 18-jährige Mädchen, die dort in Unterwäsche standen, während ich hier im Adamskostüm am liebsten um Hilfe gerufen hätte. Auch mein Handtuch hatte ich in der Garderobe gelassen. Ich schaute mich schnell um. Ein Versteck gab es in der Dusche natürlich nicht. Die Toiletten waren auf der anderen Seite. Die weißen Kacheln an der Wand schienen mich geradezu zu verhöhnen mit ihrer glatten Schmucklosigkeit. Blitzschnell griff ich zu meinem Duschgel und huschte hinter die Tür, die immer noch einen Spalt offen stand.

Die Plastikflasche in meiner Hand würde im Zweifel nur das Allernötigste verdecken. Das war keine Lösung. Ich hielt den Atem an und lauschte dem Stimmengewirr. Lieber Gott, lass mich hier unentdeckt wieder rauskommen! Was mache ich nur, wenn jetzt eine von denen einen Blick in die Dusche wirft? Die Wahrung meiner Lehrerautorität hing in Form meiner Hose an einem Garderobenhaken auf der anderen Seite der Tür. Hoffentlich fiel das den Mädels nicht auf. Und hatte eine von ihnen die Dusche gehört? Dann wäre die Verbindung von der Hose zur Dusche schnell geknüpft. Was machten die eigentlich in der Männerumkleide?

Ich zermarterte mir das Hirn auf der Suche nach Sätzen, die meinen Anblick entschuldigen und einem Aufeinandertreffen die Peinlichkeit nehmen könnten. Und kam auf nichts, was wirklich helfen würde. Was, bitte schön, sollte ich da sagen? »Hallo, ich bin Alexander, nicht gucken! Ich bin nackt!« Oder: »Hallo, ich bin der neue Referendar und würde es bevorzugen, wenn ihr alle schnell den Umkleideraum verlassen würdet!« Offensiv ging schon mal gar nicht: »Hey, Mädels, heute Abend schon was vor?« Das schied aus. Und nach so einem Spruch fühlte ich mich eh auch so gar nicht. Ich sah schon die *BILD*-Schlagzeile vor mir: »Nackter Lehrer in Mädchen-Dusche!« Das erste Disziplinarverfahren noch vor dem ersten UB – das durfte nicht passieren!

Im Studium hatte ich gelernt, dass der Übergang ins Referendariat und in die Phase des eigenen Unterrichts auch damit einherging, von der Haltung des passiven Aufnehmens von Informationen im Hörsaal und im Seminar umzuschalten auf permanentes Senden von Informationen vor der Klasse. Schön und gut. Doch das hier waren deutlich zu viele unverhüllte Signale meinerseits – eine Nachricht, die sich in Windeseile an der Schule verbreitet und aus mir eine Lachnummer gemacht hätte. Wie es so schön heißt: Für den ersten Eindruck gibt es keine zweite Chance. Was für einen Eindruck aber würde das hier hinterlassen?

»Lieber Grundkurs Mathe, das hier ist unser neuer Referendar Herr Schweizer.«

»Ach so, ja, den kennen wir schon, eigentlich sogar besser, als uns lieb ist.«

So etwas nimmt allenfalls in Filmen wie *American Pie* ein gutes Ende.

Ich hielt die Luft an. Uff, Stille! Keine Stimmen mehr, keine Geräusche von Händen, die in Taschen wühlen, oder von Schuhen, die zu Boden fallen. Sie waren weg! Erleichtert zählte ich bis fünf. Dann traute ich mich, durch den Türspalt zu linsen. Und noch nie zuvor (oder danach) habe ich mich so über den Anblick einer leeren Umkleidekabine gefreut. Hastig ergriff ich mein Handtuch, rubbelte blitzschnell einmal über Rücken und Kopf und stieg gehetzt und halb nass in meine Klamotten. Bloß weg hier. Nicht dass noch eins von den Mädchen etwas vergessen hatte und zurückkam oder eine Nachzüglerin in die Kabine stürmte.

Draußen traf ich die Kollegen. Auch ohne peinlichen Ausgang würde sich wohl rasch herumsprechen, in was ich da geraten war, wenn ich die Geschichte zum Besten gab. Deshalb behielt ich sie lieber für mich.

»Hey, Alexander, hast du vielleicht ein bisschen heiß geduscht?«, fragte Kollegin Gisela noch besorgt zum Abschied. »Du bist ein bisschen rot im Gesicht.«

Wie ich verstand, worum es im Sachunterricht wirklich geht

Claas Hornig, eine Grundschule irgendwo in Nordrhein-Westfalen

Der Sachunterricht in der Grundschule dient dazu, die Kinder dabei zu unterstützen, sich ihre Lebenswelt zu erschließen und sie mitzugestalten. Im Lehrplan steht zum Beispiel:

Die Schülerinnen und Schüler (SuS) nehmen die Natur mit allen Sinnen wahr und sollen Achtung und Verantwortungsbewusstsein im Umgang mit Lebewesen lernen.

Nun, um Lebewesen zu achten, muss man sie erst einmal erkennen. Viele meiner Schüler können allerdings gerade einmal einen Hund von einer Katze unterscheiden. Deshalb machen wir einen

Ausflug in den Zoo in Duisburg. Für mich als Neuling an der Schule eine spannende Sache. Ich kann mich beweisen und viel über die Gruppe lernen. Und die ist groß: Alle zweiten Klassen, gut 80 Kinder, vier Lehrer, zwei Busse voll. 6 Uhr aufstehen, 7 Uhr an der Schule – uff! Aber wenn man nach dem Kerncurriculum geht, ist ein Ausflug in den Zoo wirklich die perfekte Klassenaktivität – so viele Lernziele, die gleichzeitig erreicht werden können!

Die SuS erkunden und beschreiben unterschiedliche Ernährungsgewohnheiten und deren Folgen.

8.00 Uhr. Wir fahren los. Die Kinder, denen schon häufiger bei Klassenausflügen schlecht geworden ist, sitzen vorne. Das Essen im Bus ist wohlweislich verboten, um Übelkeit zu vermeiden. Und doch sind wir gerade einmal um die erste Kurve gefahren, da geht es los: »Herr Hornig, mir ist schlecht! Ich glaube, die Chips zum Frühstück waren nicht mehr gut.«

Schwerpunkt Lebensraum, Umwelt, Mobilität: Die SuS kennen geografische Merkmale in Nah- und Fernräumen und nutzen diese zur Orientierung.

8.07 Uhr: »Herr Hornig, wann sind wir endlich da?«

Die SuS beteiligen sich am Zusammenleben in der Klasse, an der Planung und Organisation gemeinsamer Vorhaben.

8.30 Uhr: Ankunft im Zoo. Einige Kinder freuen sich – es ist für sie der erste Besuch in einem Tierpark. Ihre Eltern unternehmen nie solche Ausflüge mit ihnen. Und doch messen die meisten dem Ziel unserer Fahrt wenig Bedeutung zu: »Herr Hornig, wann gehen wir auf den Spielplatz?« Ich frage Hamid, welche Tiere er sich im Zoo ansehen möchte. Hamid: »Keine Ahnung. Aber kann ich da was kaufen?«

Die unmittelbaren Begegnungen mit Natur, mit Lebewesen und ihren Lebensbedingungen fördern das Verstehen von biologischen und ökologischen Zusammenhängen. Die SuS beobachten und benennen ausgewählte Tiere und Pflanzen und erkunden Körperbau und Lebensbedingungen von Haus- und Zootieren.

9.00 Uhr: Ein netter Guide, der wirklich einen tollen Job macht, zeigt uns im Rahmen einer eigens für Grundschulklassen erdachten Führung durch den Tierpark zunächst einen kleinen Bauernhof, in dem die heimischen Nutztiere untergebracht sind. Schweine und ihre Ferkel kennen die Kinder. Aber als ich frage, welche Vögel es sind, die unter dem Dach der Bauernhofscheune neben dem Stall wohnen, lässt sich gerade einmal ein Mädchen zu einer Antwort herab. Und die lautet: »Papagei.« Dabei sind es Schwalben und wir hatten zuvor anhand von Bildern im Unterricht gelernt, wie Schwalben aussehen. »Das ist mir vor dem Mann vom Zoo jetzt aber ganz schön peinlich«, raunt mir Frau Heppmann, die Klassenlehrerin, zu. »Welche Vögel kennt ihr denn?«, versucht sie den Schülern auf die Sprünge zu helfen. Nicht einmal Amsel, Drossel oder Fink, wie sich herausstellt. Ein Vogel ist ein Vogel. »Einer, der in der Luft fliegt halt. Mit Flügeln.«

Der Sachunterricht fördert die Wissbegier der SuS, ihr Interesse und ihre Freude an der forschenden und handelnden Auseinandersetzung mit ihrer Umwelt.

9.30 Uhr: Neben Stall und Scheune ist eine Pferdekoppel. Dort weiden einige Pferde und junge Fohlen. Unser Guide erklärt den

Schülern den Unterschied zwischen Ponys und Pferden, da kommt ein Hengst angetrabt und besteigt eine Stute. »Was machen die da?« Frau Heppmann und ich halten uns zurück. »Die rangeln«, wirft unser Guide deeskalierend ein. Doch einer der Jungen hat die Lage erkannt: »Die ficken doch!« Hoho, großes Getöse am Pferdezaum, »Benni hat das F-Wort gesagt!« Die eigentliche Attraktion heute. Noch den ganzen Tag lang wird Benni der Held sein.

Die SuS formulieren eigene Konsumbedürfnisse.

10.00 Uhr: »Herr Hornig, können wir jetzt was kaufen?!«

In unserer Gesellschaft ist die intensive Auseinandersetzung mit den Grundsätzen einer am Prinzip der Nachhaltigkeit orientierten Lebensführung unverzichtbar. Die SuS recherchieren die Bedeutung und Nutzung von Ressourcen und erproben den sparsamen Umgang mit ihnen (Wasser, Energie, Boden, Luft, Papier).

11.00 Uhr: Frühstückspause. Unter den Bänken, auf denen wir uns niedergelassen haben, bleibt ein riesiger Berg von Papier, Flaschen und Plastik zurück. Auf meine Aufforderung hin: »Hamid, bring das Papier bitte in den Müll«, hatte der Junge es ins Gebüsch geschmissen. In seinen Augen offenbar der rechte Platz für Müll. Ich lerne: Wenn ich will, dass die Schüler ihren Müll in den Mülleimer bringen, muss ich das auch so sagen: »Schmeißt euren Müll in den Mülleimer.« Doch dafür ist es jetzt zu spät.

Die SuS werden dazu angeleitet, die eigenen Lernergebnisse anderen zu erklären und gemeinsam auch kritisch zu reflektieren. Sachliche Erschließung und sprachliche Durchdringung bedingen dabei einander.

11.32 Uhr, 12.18 Uhr, 13.07 Uhr: Getuschel. »Ey, der Benni hat echt ›Ficken‹ gesagt. Krass, oder?«

Die SuS untersuchen kritisch Angebote der Unterhaltungs- und Informationsmedien und begründen Regeln zum sinnvollen Umgang mit ihnen.

14.00 Uhr: Die meisten meiner Schüler sind es nicht gewohnt, sich für irgendetwas zu interessieren. Ein Grund dafür ist, dass Medien zu Hause entweder sehr ernst oder gar nicht ernst genommen werden – je nachdem, wie es den Eltern in den Kram passt. Ich bekomme mit, dass Julian heute zum ersten Mal im Zoo ist, und frage ihn, warum seine Eltern wohl noch nie mit ihm dort waren. Er zitiert seine Mutter: »Du brauchst keinen Zoo. Hier kannste dir die Tiere auch in einem Buch angucken.« Ein weiterer Grund: Viele Väter gehen mit den Kindern nachmittags nicht Fußball spielen, weil sie noch den Highscore bei *Medal of Honor* knacken müssen. Das Zugeständnis an den Filius lautet dann: Er darf selber mal ran. Eine Unterrichtseinheit von mir zu Größen und Gewichten lief zäh. Und dass ein Känguru, wie wir im Zoo lernen, mehr als zehn Meter weit springen kann, beeindruckt die Schüler nicht. Sie können nicht abschätzen, was das bedeutet. Auf hohe Zahlen wiederum reagieren sie prompt – zum Beispiel die Zahl der erzielten Kills bei *Medal of Honor*.

Die SuS formulieren eigene Konsumbedürfnisse.

16.00 Uhr: Funktioniert ganz gut. Immerhin. »Bevor ich Bus geh ich noch Kiosk.« Die Frau hinter der Kasse tut mir leid. Eine Horde Achtjähriger stürmte auf die Verkaufsluke zu. Alle wollen noch ihr Taschengeld in Süßigkeiten umsetzen, und fast jeder will eine gemischte Tüte mit Fünf- und Zehn-Cent-Fruchtgummi. Die Tüten werden dann umgehend leer gefuttert und nach dem Zuckergummi mit Eistee nachgespült.

Die SuS erkunden und beschreiben unterschiedliche Ernährungsgewohnheiten und deren Folgen.

17.00 Uhr: Der Bus hat gerade mal die Hauptstraße erreicht, da geht es wieder los. Das gleiche Spiel wie auf der Hinfahrt: »Herr Hornig, ich habe zu viele Süßigkeiten am Kiosk gegessen. Mir ist schlecht!« Doch auch das geht irgendwann vorbei, und zum Glück haben wir ja Spuckeimer im Bus dabei. Nach einer knappen Stunde Fahrt biegt der Bus auf den Schulhof ein.

Die Schülerinnen können unterschiedliche Zeiträume, Zeiteinteilungen und Zeitmessungen aufgrund eigener biografischer und episodischer Zeiterfahrungen sachgerecht verwenden.

17.45 Uhr: Ihre Eltern können es nicht. Und so endet der Tag traurig, nämlich damit, dass viele Kinder lange warten müssen oder gar nicht an der Schule abgeholt werden. Als Lehrer stehst du dann noch Ewigkeiten da und hoffst, dass sie sich doch noch bequemen. Für den einen oder anderen muss dann am Ende auf Kosten des Fördervereins ein Taxi gerufen werden.

Die Schülerinnen und Schüler entwickeln ein Bewusstsein für die Bedeutung menschlicher Arbeit. Und: Sie erarbeiten und begründen Regeln und Bedingungen für ein verträgliches Zusammenleben und Zusammenarbeiten in der Schule.

An meiner Schule gilt das nur mit Abstrichen. Gegen 18.30 Uhr, nach elfeinhalb Stunden Arbeit, bin ich wieder zu Hause. Endlich. Ich habe zwei neue Namen: »Ey, Alter« und »Ey, Digger«. Ich habe mir Mühe gegeben, den Schülern meinen richtigen Namen beizubringen – immerhin eine Regel des verträglichen Zusammenlebens. »Für euch immer noch ›Herr Hornig‹! Salih, redest du mit deinem Vater auch so?« Keine Antwort, Schulterzucken. Aber ich nehme das gern auf mich.

Wir Lehrer sollen »Vielfalt als Herausforderung annehmen« und die »Heterogenität der Lerngruppe als Potenzial für den Unterricht und das Schulleben nutzen«. So habe ich es im Kerncurriculum des Landes Nordrhein-Westfalen gelesen. Ich habe ja auch keine andere Chance. In unserer mittelgroßen Stadt wohnen acht Prozent Ausländer, und ihre Kinder schicken sie offenbar alle zu uns an die Schule. Wir haben einen Migrationsanteil von 82 Prozent. Das hat auch einen großen Vorteil: Nationalitätenkonflikte spielen bei uns überhaupt keine Rolle. Es gibt keinerlei Diskriminierung wegen der Nationalität oder wegen mangelnder Sprachkenntnisse. Denn fast alle sprechen gleich schlecht Deutsch.

Für mich als Referendar war, frei nach Frank Sinatra, von Beginn an klar: Bei mir an der Schule ist es wie mit New York. Wenn du es hier schaffst, schaffst du es überall. Und noch etwas habe ich bei der Lektüre des Kerncurriculums nach dem Besuch im Zoo endlich verstanden: Worum es im Sachkundeunterricht wirklich geht.

Nein, Torben-Jasper, du hast keinen Telefonjoker

Manuela Bender, Realschule, Passau

Es ist ärgerlich, bei der Reise nach Jerusalem keinen Platz auf einem Stuhl zu bekommen oder auf dem Bolzplatz immer als Letzter in eine Mannschaft gewählt zu werden. Es ist frustrierend, in der Tanzstunde übrig zu bleiben und mit dem dicken Mädchen aus der Parallelklasse den Cha-Cha-Cha lernen zu müssen. Das sprichwörtliche fünfte Rad am Wagen. Witzig, aber schonungslos brachten das die einst beliebten »Alle Kinder«-Witze auf den Punkt: »Alle Kinder fahren Panzer, nur nicht Gunter – der liegt drunter!« Oder: »Alle Kinder schauen auf das brennende Haus, nur nicht Klaus, der guckt raus.« Dann gab es da noch: »Alle Kinder haben Haare, nur nicht Thorsten, der hat Borsten.« Und: »Alle Kinder sitzen um das Lagerfeuer. Nur nicht Brigitte, die sitzt in der Mitte.«

Einen Gunter, einen Klaus, einen Thorsten, eine Brigitte – so jemanden gab es auch in meinem Englisch-Seminar. Sie hieß

Christiane. Wir Referendare waren eine tolle Truppe und hielten mächtig gut zusammen. Wir organisierten uns zum Beispiel an Nachmittagen ein leeres Klassenzimmer und nahmen uns gegenseitig unsere Lehrproben ab. Mir hat das sehr viel Sicherheit für die Prüfungssituation gegeben, wenn so viele Leute meinen Entwurf begutachtet haben, bevor es ernst wurde. Das war unschätzbar wertvoll. Da kommen Kommentare zurück, mit denen rechnest du gar nicht – vor allem, wenn dir jemand den Kopf geraderückt, der von deinem Fach keine Ahnung hat und ohne Tunnelblick an die Stunde herangeht. Und so wurde mein Englisch-Seminar für mich zu einer Art zweiten Familie.

Dabei waren wir ganz unterschiedlich. Da war der Schorsch, ein richtiger Allgäuer Bub, mit dem krassesten Dialekt, den ich je gehört habe. Dass er Deutsch redete, war kaum zu glauben. Dann waren da Marina und Charlie (die eigentlich Charlotte hieß): So richtige Dolce-&-Gabbana-Mädels, die jeden Tag mit einem anderen Designertäschchen zur Schule kamen und den Zehntklässlerinnen beim Aufbrezeln in nichts nachstanden. Wir waren von überallher zusammengewürfelt und passten trotzdem perfekt zusammen. Nur eine, die stand abseits wie das dicke Mädchen aus der Tanzschule: Christiane. Sie war eine dieser Frauen, von denen man hofft, dass sie nie im Leben die eigenen Kinder unterrichten! Sie war wirklich absonderlich. Bei älteren Menschen würde man sagen: verschroben.

Zum Beispiel führte sie ständig Selbstgespräche. Und während sie den Vortrag unserer Seminarleiterin mitschrieb, wiederholte sie jedes Wort halblaut, als ob sie es dann erst richtig verstünde, wenn ihre Stimme quasi den Stift führte. Kennt ihr dieses Gefühl, wenn man in der Straßenbahn neben jemandem sitzt, der laut vor sich hin schimpft? Erst ignoriert man es. Dann wird es allmählich unheimlich. Aber je länger du das Gezeter mit anhören musst, desto stärker wird das Verlangen, die Person zu schütteln und ihr laut »Komm mal klar!« ins Gesicht zu schreien. Christiane provozierte das wirklich. Dazu kam, dass sie mitten im Seminar, laut raschelnd, aus einer Tüte Nüsse verspeiste, auf dem Tisch unappetitlich triefend ihre mitgebrachten Mandarinen schälte oder selbstvergessen an ihrer Haut herumpulte.

Zu allerlei merkwürdigem, wenig feinfühligem Verhalten kam bei Christiane ein ausgesprochen unvorteilhaftes Äußeres. Sie hatte ein Schielauge, wirkte deutlich älter, als sie tatsächlich war, und ihre Klamotten hatten etwas seltsam Ältliches. Dazu kam eine scheußliche Reibeisenstimme. Vielleicht kennt ihr die Katzenlady bei den Simpsons – an sie erinnerte mich Christiane. Die Katzenlady ist in der Serie eines der wenigen großen Mysterien. Man weiß nichts über sie, außer dass sie einmal Anwältin gewesen sein soll und nunmehr ständig mit Katzen um sich schmeißt. Auch von Christiane wussten wir nicht viel oder warum sie ihre Rolle als Schrulle so pflegte.

Wir waren ja durchaus willens, sie in unserer Mitte willkommen zu heißen. Aber sie wollte gar nicht recht, so schien es. Auf der Seminarfahrt nach Hamburg etwa hielt sie sich meist abseits – ein merkwürdiger Zug in so einer kleinen Gruppe. Im Schulalltag trug sie ebenfalls kaum zur Gemeinschaft bei. Das Lehrerzimmer platzte aus allen Nähten, deshalb teilten wir Referendare uns einen unterdimensionierten Aufenthaltsraum, die frühere Seminarbibliothek. Unser winziges Refugium bot so wenig Platz, dass jeder seine Unterlagen und Materialien aus Rücksicht gegenüber der Gruppe mit nach Hause nahm – bis auf Christiane. Sie blockierte die gesamte Fensterbank mit ihrer Teekanne und einer riesigen Kiste voller Stifte, mit der sie zwei Kunstklassen hätte ausrüsten können (dabei war ihr zweites Fach neben Englisch Chemie). Im Laufe des Jahres kamen DIN-A3-Bastelbögen in mehreren Farben sowie Amulette und Mandalas für positive Energie hinzu. Die sollten ihr bei Lehrproben und in Vertretungsstunden helfen. Den ganzen Haufen hatte sie mit einem Klebezettel als ihr alleiniges Territorium markiert: »Finger weg!«, lautete die ruppige Aufschrift.

Auch ihre Lehrmethoden legten nahe, dass der Umgang mit Menschen nicht ihre Stärke war. Noch in der achten Klasse bemühte sie die Lärmampel, um die Schüler zu Ruhe und aufmerksamer Mitarbeit anzuhalten – eine Methode, die ich heute schon in der Unterstufe kaum noch altersgerecht finde. Ihr fehlte einfach der Draht zu Kindern und Jugendlichen. Ich glaube, Christiane war zu sehr mit sich selbst beschäftigt und nicht in der Lage, sich mit uns oder Pubertierenden normal auseinanderzusetzen. Sie lebte schlicht in einer anderen Welt.

In den achten, neunten und zehnten Klassen ist für die Kids so ziemlich alles wichtig, nur nicht die Schule. Da liegt es doch nahe, dass man sie mit geeigneten, möglichst modernen, lockeren Medien in ihrer Lebenswelt abzuholen versucht. Ich benutze im Englischunterricht zum Beispiel oft Bilder aus der Fernsehserie *How I Met Your Mother.* Oder wir schauen zum Einstieg einen Ausschnitt aus einer Folge an. Alltägliche Gesprächssituationen, Vokabeln, Sprachwitz: Da ist eine Menge Lernenswertes geboten! Und im Gegensatz zum Standardlehrbuch kennen die Schüler die Serie, gucken sie abends freiwillig, und deshalb arbeiten sie auch mit.

Charlie, die D-&-G-Maus, immer schnieke, aber auch immer auf Zack, hat einmal beim Austeilen der Klassenarbeits-Aufgabenzettel zu einem Schüler, der nicht aufhörte zum Nachbarn rüberzulinsen und hektische Fragen zu stellen, gesagt: »So, und jetzt ist Ruhe. Ihr dürft auch niemanden mehr im Publikum befragen. Und nein, Torben-Jasper, du hast keinen Telefonjoker!«

Christiane konnte so etwas nicht. Ich habe einmal in einer ihrer Englischstunden hospitiert. Das war schlimm. Ich schämte mich die ganze Zeit für sie. Die Atmosphäre zwischen ihr und der Klasse war furchtbar. Bei den Schülern kam nichts an, und zu Christiane kam nichts zurück. Herrje, dachte ich, die wird doch nicht glücklich in diesem Job! Vielleicht konnte sie noch nicht einmal etwas dafür, vielleicht war sie in die Rolle der Lehrerin gedrängt worden. Ihre beiden Eltern waren im Schuldienst – womöglich waren die Vorbilder zu groß? Sie wollte unbedingt Lehrerin werden, zumindest glaubte sie das. Meiner Beobachtung nach war sie aber kaum in der Lage, Unterricht nicht für sich selbst, sondern für andere zu machen. Und zum Lachen ging sie in den Keller. An einem solch abgeschiedenen Ort wäre sie auch beruflich weit besser aufgehoben. Irgendwo, wo man kaum Kontakt zu Menschen hat und ganz für sich allein kluge Dinge ausbrüten kann, im Labor zum Beispiel. Wie gesagt: Ihr zweites Fach war passenderweise Chemie.

Und so verwundert es nicht, dass ihr nach dem ersten Halbjahr an der Schule nahegelegt wurde, ihre Berufswahl zu überdenken. Auch deshalb tat uns Christiane meistens einfach leid. Aber eines kann man ihr wirklich vorwerfen: Sie war komplett kritikresistent und blieb bei ihrem Ziel, als Lehrerin – also in einem sozialen Beruf – zu arbeiten, dabei wurschtelte sie viel lieber allein vor sich hin. Um es mit dem Bild vom Bolzplatz zu beschreiben: Sie wollte gar nicht in die Mannschaft gewählt werden. Und bei der Reise nach Jerusalem wollte sie gar keinen Platz auf dem Stuhl.

Mit dieser Einstellung wird man besser nicht Lehrerin. Warum sie es mit einer solchen Unbedingtheit versucht hat – das weiß ich bis heute nicht. Zum Namen Christiane kenne ich jedenfalls auch einen »Alle Kinder«-Witz, und der geht so: »Alle Kinder schwingen von Baum zu Baum, nur nicht Christiane, bei der reißt die Liane.«

Dä Üwwes

Friederike Brandes, Hauptschule, Köln

Wo ich herkomme, in Vechta, irgendwo zwischen Osnabrück und Bremen, machen die Menschen nicht nur weniger Worte um alles. Seit dem Beginn meines Referendariats, das mich vom Studium der Fächer Englisch und Biologie in Münster nach Köln verschlagen hat, kenne ich mich da aus. Neulich etwa war mir der Zucker ausgegangen. Und ohne Witz: Vom Aldi am anderen Ende der Stadt wäre ich schneller wieder zu Hause gewesen, als das Gespräch mit meiner Nachbarin, die mir mit Zucker, zehn kölschen Weisheiten und ihrer halben Lebensgeschichte aushalf, gedauert hat: »Och! An dä Schull bess du? Verzäll ens! Jo, ne, worst do schon en dä Altstadt? Könne mer jo ens zosamme hinjon.«

Im Rheinland ist also Reden Gold – und Schweigen kennt man dort gar nicht. Aber das ist ja noch nicht alles, jeder Landstrich hat auch seine eigene Aussprache und seine eigenen Worte. Was der Kölner mit Plümmo meint – das Federbett –, musste ich als Imi (so nennen die Kölner die Zugezogenen) erst lernen. Gegen manches Missverständnis helfen aber auch keine Französischkenntnisse mehr. Als ich eines Morgens vor der ersten Stunde das Lehrerzimmer betrat, winkte mich meine etwas ältere Kollegin Martina heran. »Du, dä Üwwes kütt hück nit. Dä es krank.«

Ich verstand kein Wort. Vielleicht hatte ich gestern ein paar Kölsch zu viel gehabt? Ich hakte nach. »Was ist los, Martina?«

»Dä es krank. Dä Jung us dinger Klass.«

Ah, jetzt fiel der Groschen. Einer meiner Schüler war krank. Aber wer? »Sagst du den Namen bitte noch mal, Martina?«

»Dä Üwwes. Sing Mam hät evvens anjerofe.«

»Martina, es tut mir leid, aber ich hab das immer noch nicht verstanden. Wer ist krank?« Mittlerweile hatte ich die Klassenliste aus meinem Fach gezogen und überflog die Namen.

»Na, dä Üwwes!«

Ich fuhr mit dem Finger über das Papier und sah noch einmal ganz genau hin. »Bist du sicher, dass das ein Junge aus meiner Klasse ist? Den Namen habe ich noch nie gehört!«

Martina, obwohl rheinische Frohnatur, wurde allmählich ungeduldig.

Meine letzte Hoffnung: »Du, wie schreibt man das? Kannst du den Namen mal buchstabieren? Oder zeig mal drauf.«

»Jo, jään. Do steit dä Jung doch: Y-V-E-S. Dä Üwwes evvens.«

Was wollen Sie eigentlich von mir?

Markus Nussbauer, Berufsfachschule,
Südschwarzwald

Drei Horrorszenarien über den Lehrerberuf haben mich früher regelmäßig aus dem Schlaf gerissen. Erstens: Ich wache morgens auf und bin wieder Schüler – und muss bei mir selbst noch einmal das Abitur ablegen. Zweitens: Die Klassenfahrt führt mich zu einem Punkt auf der Landkarte, der im Medizinbuch wohl dem Kapitel »Fußpilz« entsprechen würde – Hannover, Halle an der Saale, Oberfranken oder die Uckermark. Und drittens: Leitung tot. Kein Anschluss unter dieser Nummer. Offline. 28 leere Augenpaare starren dich an. Im Klassenraum ist es so still, als wären die Schüler nach Hause gegangen. Der Klassenstreber schreit: »Herr Nussbauer, ich weiß gar nicht, was Sie von mir wollen!« Und ich renne zur Tür hinaus.

Szenario eins jagt mir mittlerweile keine Angst mehr ein – zu unrealistisch. Und sollte einer meiner Kollegin jemals einen furchtbaren Plan à la Szenario zwei aushecken, melde ich mich halt krank. Nummer drei hat mich allerdings nie losgelassen. Zu Beginn des Ref wurde die Angst vor der Leere größer und größer. Aber ich war fest entschlossen, es nicht so weit kommen zu lassen. Gewappnet mit den Gedanken der ganz großen Denker und Literaten sollte mir das gelingen.

Vor mehr als sieben Jahren kam ich nach Freiburg, um die deutschen und französischen Philosophen zu studieren: Michel Foucault, Roland Barthes, Jacques Derrida, Edmund Husserl, Friedrich Nietzsche und natürlich Martin Heidegger, *den* Sohn der Stadt. Wie viele, die aus der ganzen Welt an die Albert-Ludwigs-Universität kommen, wollte ich seiner Philosophie nah sein. Ich stieg auf den Todtnauberg, um den Heidegger-Rundweg zu gehen und seine Hütte zu sehen, in der er sein Werk *Sein und Zeit* verfasste. Ich reiste nach Meßkirch, um mich auf der Bank unter der großen Eiche am Feldweg niederzulassen, wo auch Heidegger einst las. Statt eines Krimis trug ich meine Studienlektüre ins Freibad, habe mich auf die Wiese gelegt und gelesen.

An der philologischen Fakultät habe ich Walther von der Vogelweides Minnesang auswendig gelernt, Metaphernfelder der deutschen Lyrik bestellt und die Rolle des Erzählers im höfischen Roman analysiert. Ich habe Seminararbeiten über den späten Gottfried Benn geschrieben und über die *Fröhliche Wissenschaft* von Nietzsche. Mir war natürlich klar, dass das für den Lehrerberuf nur die halbe Miete sein konnte.

Die Kassenschlager des Deutschlehrplans sehen anders aus: Aus welchen Gliedern besteht ein Satz, was ist ein Demonstrativpronomen, wie schreibe ich eine Texterörterung? Als ich den angehenden Friseurinnen und Automechanikern in meiner Klasse die Grundlagen dieses Themas nahebringen sollte, hatte ich das Gefühl zu verstehen, was Nietzsche meinte, als er schrieb: »Du musst jeden Tag auch einen Feldzug gegen dich selber führen.« Meine erste Deutschstunde in Eigenregie.

Tagelang saß ich in meinem WG-Zimmer am Rechner und schrieb den Ablauf der Stunde auf große Zettel. Ich probierte es mit einem DIN-A4-Klemmbrett, verwarf die Idee zugunsten von Karteikarten, holte den großen Spiegel aus dem Flur und lehnte ihn an den Kleiderschrank, um mich selbst in der Rolle des Conferenciers der Texterörterung zu bestärken. Am Ende standen: ein enger Zeitplan im Fünf-Minuten-Takt, eine 1a-Orientierungsphase mit Tafelbild, zwei Container voller Altpapier und ich in Jeans und Jackett vor der Klasse.

Es geht los. Alles nach Plan. Begrüßung, Themenvorstellung: fünf Minuten. Dann mit den Schülern an der Tafel das Schaubild zur Struktur der Erörterung erarbeiten. An der Spitze der Pyramide steht die These, sie wird gestützt von Argumenten. Das Fundament, auf dem alles ruht, sind die Belege. Es läuft! Im nächsten Schritt sollen die Schüler zeigen, dass sie diese Bestandteile auch in einem Zeitungsbericht wiederfinden können. Ich teile die kopierten Blätter aus. Nach mehreren Tagen stundenlanger Recherche habe ich mich für ein Thema entschieden: Sind Profifußballer und Topmodels überbezahlt? Dazu sollte doch wohl jeder etwas sagen können.

Erst einige Monate später lerne ich, dass sowieso alle alles aus Schulbüchern klauen. Es geht gar nicht anders. Das erzählt dir an der Uni aber keiner. Du bekommst im Studium einfach nicht das an die Hand, was du in der Praxis brauchst. In Wirklichkeit sind es die Schulbuchverlage, die die wahre Macht im Bildungssystem haben. Sie geben die Bücher mit den Übungen heraus, aus denen die Lehrer dann die Arbeitsblätter zusammenstellen. Was sie veröffentlichen, landet hunderttausendfach in den Schulranzen von Flensburg bis Friedrichshafen.

Zurück zu meinem Lehrproben-Desaster: Das untrügliche Signal, dass ich es so richtig vergeigt hatte, kam schnell. Ich wiederhole den Arbeitsauftrag, zeige auf das Tafelbild. Ich rede und rede – eine Einbahnstraße. Es fühlt sich an, als würde ein lauer Wind Steppenläufer über das Pult wehen. Von fern ist das Quietschen einer schlecht geölten Tür zu hören, und ich stehe als Revolverheld mit heruntergelassener Hose da. Ich hätte in die Stille hinein einfach die Frage wiederholen können. Ich hätte Stillarbeit anordnen und mich setzen können. Tipps, die mir Kollegen später geben. Heute weiß ich: Die meisten Schüler warten während der Stunde vor allem darauf, dass sie zu Ende ist. Sie wollen ihre Ruhe haben und Filme gucken. So wie ich abends auch.

Heidegger hat geschrieben: »Jedes Fragen ist ein Suchen.« Flehend schaue ich in die Runde. An Blicken aus dem Fenster und gelangweilten Visagen kann ich ablesen, dass 27 Schüler aus meiner Stunde gedanklich ausgestiegen sind. Keiner hat auch nur ansatzweise kapiert, worum es geht. Kein Anschluss unter dieser Nummer. Leitung tot. Offline. Mir kommt ein weiterer Satz aus meinem Studium in den Sinn: »Wir kommen nie zu Gedanken. Sie kommen zu uns.« Doch Heidegger hilft mir hier auch nicht weiter. So wenig wie alles aus meinem Studium. Da meldet sich Luca, der Streber aus der ersten Reihe. Meine Rettung? Leider nein. Er ist fast genauso verzweifelt wie ich: »Ich weiß gar nicht, was Sie von mir wollen, Herr Nussbauer! Sagen Sie doch: Was wollen Sie?« Und ich wäre am liebsten zur Tür hinausgerannt.

Alles Käse

Christiane Bauer, Grundschule, Bonn

Neulich rief der Vater von meinem Schüler Emil aus der 2c an, aufgebracht und auf Krawall gebürstet. Wir haben im Sportunterricht ganz klare Regeln. Zum Beispiel: Kein Kind geht auf die Geräte, während wir aufbauen. Im Kreis singen wir alle gemeinsam unser Bewegungslied. Und alle Kinder bauen am Ende wieder mit ab. Das ist nichts Außergewöhnliches, wie ich meine. Der Vater von Emil war da anderer Meinung.

Er sei mit meinen Lehrmethoden absolut nicht einverstanden. »Ich halte nichts von diesem Konformismus. Wenigstens im Sportunterricht muss man den Kindern doch die Möglichkeit zur freien Entfaltung geben.« Ich hatte Emil an dem Tag zur Strafe auf die Bank gesetzt, weil er mehrfach andere Kinder geschubst hatte. Vielleicht verstand Emils Vater auch Schubsen als freie Entfaltung? Diese Bemerkung verkniff ich mir allerdings lieber. Im Tonfall der Entrüstung ging es am anderen Ende des Telefons noch weiter – auch mit grundsätzlichen Beleidigungen. Sport sei ja ohnehin gar kein richtiges Fach »wie Mathe oder Englisch«, umso mehr müsse es doch möglich sein, seinen Emil in solchen

Stunden machen zu lassen, was er will. Da fiel mir nichts mehr ein. Uff.

Aber den größten Realitätsschock meiner bisherigen Zeit an der Schule hatte ich eines Freitags in unserer 14-tägigen Lehrerkonferenz. 18 Frauen an einem Tisch, also etwa 35 verschiedene Standpunkte. Selten habe ich so viele Nonsens-Diskussionen in so kurzer Zeit erlebt. Die ersten Tagesordnungspunkte sind in der einen oder anderen Form in jeder Konferenz gesetzt: Die Toilettensituation ist untragbar, neulich waren schon wieder zwei von vier Jungsklos mit Papier verstopft. Auch immer wieder gern: Der Hausmeister hat Dienstjubiläum, die ehemalige Rektorin feiert ihren 70. Geburtstag. Was wird geschenkt, wer besorgt das Präsent? Oder: Die Kopiervorlagen sollen bitte immer sofort und vollständig an ihren Platz im Regal zurückgestellt werden. Und so weiter. Und nichts davon wird einfach so entschieden. Jede Kollegin (und Männer gibt es bei uns außer dem Hausmeister nur zwei, deshalb bleibe ich mal bei der weiblichen Form) hat etwas beizutragen, abzuwägen, vorzuschlagen.

Der absolute Höhepunkt der ultimativen Sinnlos-Debatten kam an besagtem Freitag als unscheinbarer, letzter Tagesordnungspunkt des Weges. Wir hatten gerade intensiv über Roman aus der 3b diskutiert – ein Junge, der im Kunstunterricht mit Vorliebe Becher durch die Gegend wirft und unentwegt Tiergeräusche macht. Und ich dachte, der letzte Punkt »Essensverkauf/ Sommerfest« sei ruck, zuck vom Tisch. Doch da hatte ich mich getäuscht. Unsere Schulleiterin begann mit dem Satz »Auf dem Sommerfest soll es ja 100 belegte Brötchen geben, also 200 Hälften. Ich schlage vor, wir machen 100 mit Schinken und hundert mit Käse. Jemand dagegen?«. Ich griff bereits zu meiner Tasche – da ging es los.

»Sollten wir nicht lieber 100 Gouda, 50 Schinken, 50 Salami anbieten?«, fragte Frau Pingel. Gut, die hat noch nie zu irgendeinem Tagesordnungspunkt geschwiegen. Von mir aus auch das, dachte ich. Abstimmung, Meldeprobe, fertig. Doch mit ihrem Satz hatte Frau Pingel die schlafenden Hündinnen geweckt.

»Find ich gut«, sagte Frau Neumann. Sie findet immer alles gut, was Frau Pingel sagt.

»Ich weiß nicht, es gibt doch heutzutage so viele Vegetarier«, wendet unsere Sportskanone Frau Eickhoff ein.

»Ach, Vegetarier, das ist doch alles Quatsch!« Ein typischer Einwand von Frau Lenner – leicht übergewichtig und Hauptsache dagegen.

»Von wegen, Ihnen täte das auch mal gut«, gibt Frau Eickhoff beleidigt zurück.

»Ein Brötchen mehr oder weniger, das hat doch noch keinem geschadet«, befindet Frau Lenner. »Dann wären Sie vielleicht nicht so gereizt.«

Unsere Schulleiterin bittet die Streithennen um Ruhe und Mäßigung.

»Können dann jetzt die Brötchen ins Protokoll?« fragt Frau Schönemann – eine weitere Kollegin. Sie hat es wie immer eilig und will los.

»Aber wir haben doch noch gar nichts beschlossen!« Wieder Frau Pingel.

Aber sie hat recht. Leider. Also von vorn. Ich schaue auf die Uhr. Zwischenstand der Brötchen-Diskussion: Nach fünfeinhalb Minuten noch kein Ergebnis.

»Dann lasst uns doch 120 mit Käse und 80 mit Wurst machen«, schlägt Frau Wiedorn vor.

»Ich weiß nicht, ist das nicht ein bisschen viel Käse?«, kommt es von Frau Kastor, die eigentlich nie auf das eingeht, was Frau Wiedorn vorschlägt.

»Also, ich halte das für eine gute Aufteilung«, besteht Frau Wiedorn auf ihrem Vorschlag.

»Nun, und ich finde, das ist zu viel Käse.« Frau Kastor bleibt bei ihrer Meinung.

»Dann machen Sie doch einen besseren Vorschlag«, zickt Frau Wiedorn zurück.

»Als wenn Sie für meine Vorschläge je offen wären«, lässt sich Frau Kastor schnippisch vernehmen.

»Pah. Wenn mal ein guter dabei wäre.«

Zwischenstand der Brötchen-Diskussion: kein Ergebnis, zehn Minuten um. Was für ein Schlagabtausch. Das ist sie, die typische Stellvertreterdebatte. In ihr geht es gar nicht darum, das beste Ergebnis für die Schüler oder die Schule zu erreichen. Das eigentliche Thema wird zum Stellvertreter, zum Platzhalter für Eitelkeiten. Es geht in Wirklichkeit um die persönlichen Animositäten zwischen den einzelnen Damen – und ums Rechthaben aus Prinzip. Frau Wiedorn hatte kürzlich vorgeschlagen, den Einsatzplan für die Pausenaufsicht zu überarbeiten. Sie musste – nach eigener Wahrnehmung und umfangreicher Darstellung – fast den ganzen Winter über Frühaufsicht leisten und ergo ab 7 Uhr morgens bei Temperaturen um den Gefrierpunkt auf dem Schulhof stehen. Große Debatte, am Ende Punktsieg für Frau Wiedorn. Und wer musste danach häufiger den Lehrerzimmer-Latte-macchiato gegen Eisfüße tauschen? Frau Kastor. Seitdem fliegen zwischen den beiden Giftpfeile, heute garniert mit Käse.

»Meine Damen«, ermahnt unsere Schulleiterin. »So kommen wir hier nicht weiter.« Wie wahr. Doch anstatt allmählich abzuebben, wird der Schlagabtausch nur noch heftiger. Ab jetzt quasseln alle durcheinander, ein Einwurf jagt den nächsten.

»Also, ich finde ja 200 Brötchen sowieso viel zu viel.«

»Stimmt, wir hatten ja letztes Jahr so viele übrig.«

»Hatten wir nicht!«

»Doch, das weiß ich ganz genau.«

»Wir hatten noch nie zu viele Brötchen.«

»Die sind ja auch so beliebt!«

»Aber ich mein, es wäre hauptsächlich Käse übrig geblieben.«

Ich sage lieber nichts. Stichwort Stellvertreterdebatte: Da will ich nicht zwischen die Fronten geraten. Ich will nur noch nach Hause! Und werfe erneut einen flehentlichen Blick auf die Uhr. Zwischenstand der Brötchen-Diskussion: Immer noch kein Ergebnis. Nach 17½ Minuten!

»Also gut, dann 150 Brötchen, ein Drittel mit Käse, zwei Drittel mit Wurst« – ein Vorschlag der pragmatischen Frau Schönemann. Ich bin ihr dankbar. Aber ich habe die Rechnung ohne meine Kolleginnen gemacht. Haben die denn sonst nichts zu tun?

»Ich finde, das ist ein ganz falsches Zeichen, wenn wir so viel mehr Wurst als Käse anbieten«, schießt Sportskanone Frau Eickhoff hinterher.

Mein Gott, es sind doch nur Brötchen, denke ich. Wenn welche übrig bleiben, esse ich die alle höchstpersönlich auf. Aber lasst uns endlich nach Hause gehen! Schon seit 20 Minuten geht das jetzt so!

»Was haltet Ihr denn von Frischkäse?«, wirft Frau Pingel ein.

»Eine gute Idee«, findet Frau Neumann. Welch Überraschung! »Bei mir um die Ecke beim Türken, da gibt es ganz tollen.«

»Ich weiß ja nicht.«

»Das hatten wir ja noch nie.«

»Hm.«

»Wenn Sie meinen.«

Wie immer ein vielfältiges Meinungsbild. Vielleicht lässt sich das hier mit einem konstruktiven Vorschlag abkürzen?

»Frischkäsebrötchen lassen sich schlecht stapeln. Und es schmiert«, höre ich mich sagen und bereue es im nächsten Moment. Die Schulleiterin nickt zustimmend, aber weiter sind wir dadurch auch nicht.

»Dann eben nicht.« Frau Pingel verschränkt die Arme, lehnt sich zurück und wirft mir einen vorwurfsvollen Blick zu. Ab jetzt halte ich besser meinen Mund. 25 Minuten.

»Brauchen wir denn überhaupt Brötchen? Ist das nicht ein bisschen altbacken?«, wagt sich meine Mitreferendarin Carina aus der Deckung.

»Altbacken?«

»Was soll das denn heißen?«

»Und was schlagen Sie dann vor?«

Carina hält sich tapfer: »Na, Wraps vielleicht. Die gibt's auch für Vegetarier.«

Immerhin die Sportskanone Frau Eickhoff nickt. Der Rest ist sich selten einig, aber diesmal schon.

»Also, das hatten wir ja noch nie.«

»Wozu soll das denn gut sein?«

»Wir hatten doch immer Brötchen, da hat sich ja noch nie einer beschwert.«

Auch Carina sagt jetzt nichts mehr. Dauer der Brötchen-Diskussion jetzt: 32 Minuten.

»Zurück zu den Brötchen«, lenkt unsere Schulleiterin die Diskussion wieder auf Tagesordnungspunkt. Und die Brötchen-Diskussion dreht sich gefühlt noch achtmal im Kreis. Einigung ausgeschlossen. Säße ich nicht schon seit drei Stunden im Lehrerzimmer, dann wäre mir die Komik der Situation auch nicht entgangen. Da werden Allianzen geschmiedet – auf der Basis von geschmierten Brötchen. Nach dem Motto »Wenn ich heute für deine 50 Schinkenbrötchen stimme, dann springst du mir beim nächsten Mal beim Durchdrücken der Themenwoche bei«. Manche wiederholen exakt den Vorschlag der Vorrednerin. Hauptsache, frau hat etwas beigetragen. Manche gucken angestrengt aus dem Fenster und hoffen wohl, dass es bald vorbei ist.

Nach geschlagenen 45 Minuten kommt endlich der erlösende Vorschlag von der protokollführenden Frau Mittag. »Wir haben doch beim letzten Mal auch so lange diskutiert. Lassen wir uns doch mal in das Protokoll vom vergangenen Jahr gucken.«

Waaaaas? Das gibt es? Wieso erst jetzt?

»Gute Idee«, lobt unsere Schulleiterin. Und was steht da: »100-mal Käse, 100-mal Schinken.«

Abstimmung, Meldeprobe, fertig. Na, bitte – geht doch!

Rechts oder Links?

Katja Zeiler, Hauptschule, Köln

Nicht umsonst heißt das Referendariat im Behördenjargon Vorbereitungsdienst. Seit meiner ersten Lehrprobe weiß ich, warum: Du bist nur am Vorbereiten. Und ständig kommen Aufgaben hinzu, von denen dir kein Seminarleiter erzählt. Die von mir vervollkommnete Überlebensstrategie für die Stunde der Wahrheit vor der Klasse lautet:

1. Alle Termine (auch Gespräche mit Ehemann – ich bin verheiratet, schon seit dem Studium, wer hätte im Ref schon Zeit für so was?) für die nächsten zwei Wochen absagen.
2. Schlechtes Gewissen gegenüber Freunden, Familie, Bekannten ausblenden.
3. Schlafen nicht vergessen! Concealer kaufen.
4. Nicht ans Telefon gehen (keine Ausnahme!).
5. Facebook- und E-Mail-App auf dem iPhone vorübergehend löschen.
6. Einkaufen gehen: Bestechungskekse für den Fachleiter; Rotwein, Schokolade und Baldriantropfen für mich; am Vorabend: Auto volltanken.

7. Notiz für den Tag nach der Lehrprobe: nett zum Ehemann sein (wenn nicht verheiratet: Freund).

Ach ja – und nicht den Überblick verlieren. Das ist leichter gesagt als getan. Vor zwei Tagen haben Frau Chaos und Herr Schlaflosigkeit an der Tür geklingelt, Madame Ordnung und Mr Erholung ins Badezimmer gesperrt und den Schlüssel weggeworfen. Seitdem sitzen sie hämisch lachend auf meiner rechten und linken Schulter und machen mir das Leben schwer. Ich stehe in einem Meer von bonbonfarbener Pappe. Ausdrucke von Arbeitsblättern belegen jeden Zentimeter Teppichboden, auch das Bett ist voller Stapel. Obenauf kräuseln sich kleine Wellen aus Laminierfolie. Seit Tagen kämpfe ich darum, mich über Wasser zu halten. Laut Spiegelbild ist aus mir dabei ein Gespenst mit Augenringen bis zum Bauchnabel geworden.

Zwei Wochen lang schlägt die Geisterstunde um 19 Uhr. Um diese Uhrzeit geht meine zweijährige Tochter ins Bett. Vorher ist an konzentriertes Arbeiten nicht zu denken. Nun schläft sie, der Spuk kann beginnen. Bis in die Nacht ziehe ich zwischen Flur (Standort Schreibtisch und Computer) und Schlafzimmer (kindersicherer Ablageplatz für fertige Ausdrucke) meine Kreise.

Ich bin superaufgeregt. Als ich endlich im Bett liege, gehe ich wieder und wieder im Kopf meine Checkliste durch. Es sind tausend Entscheidungen zu treffen: Orangefarbenes oder hellblaues Papier? Hellblaues. Erst der Film oder erst die mündliche Herleitung? Erst der Film. Noch ein Kaffee? Ja. Jetzt schlafen gehen oder später? Später. Wie ein Autist habe ich am Nachmittag die Schülerrechner im Computerraum meiner Schule überprüft: Fahren sie ordnungsgemäß hoch, sind die notwendigen Programme aufgespielt – und funktionieren sie auch? Ist der Akku meines Laptops geladen, mit dem ich den Ablauf an die Wand werfen will? Die Schüler sollen im Fach Technik auf Papier einen Quader skizzieren und ihn anschließend mit einem Computerprogramm zeichnen.

Um 6.15 Uhr wache ich vom Klingeln des Weckers auf – ich habe höchstens drei Stunden geschlafen. Vollbepackt verlasse ich die Wohnung. Ich habe dabei: zwei Kisten voller Arbeitsblätter, eine Tüte Blanko-Zeichenpapier, mehrere Mappen voller Bleistifte und Buntstifte (»Frau Zeiler, ich habe meine Federmappe vergessen!«), meine Laptop-Tasche. Aber das ist nicht alles (vergleiche Punkt 6 der Checkliste): Das bei allen Nicht-Lehrern unbekannte Protokoll der Ref-Diplomatie sieht vor, am Tag der Lehrprobe die Ausstattung einer mittleren Konditorei mitzuführen. In meinen IKEA-Taschen befinden sich: Kaffee-Pad-Maschine, drei Sorten Pads, Tassen und Löffel, Milch, Zucker, Wasser, Saft, Gläser, Tischdecke, vier Sorten Kekse. Es ist ein bisschen so, als würde man die Schwiegereltern in spe zum ersten Mal zu Hause empfangen. Hallo, Herr Müller, ich würde gern eine gute Note von Ihnen bekommen. Worauf stehen Sie denn methodisch so? Ach ja, und welche Kekse mögen Sie am liebsten?

Zum Glück passt alles ins Auto. Das Fahrrad scheidet mit all dem Gepäck aus. Ich nehme den Dienstwagen von meinem Mann – ein schwarzer Mercedes, so eine richtige Business-Limousine, deren Kofferraum jetzt voller bunter Zettel ist. Während ich überlege, ob man die Vorbereitung von Lehrproben beim nächsten Mal nicht subcontracten könnte, biege ich auf die Hauptstraße ein. Auf dem Ring staut es sich. Mist, schon wieder eine rote Ampel! Die Zeit wird knapp. Immerhin, ich kann das Schulgebäude schon sehen. Im Kopf läuft noch einmal der Film »Technisches Zeichnen: Quader« ab. Gleich bin ich da. Um auf den Hof zu biegen, muss man rechts abbiegen und einmal um das ganze Schulgelände herumfahren, um am Tor anzukommen. Dabei sind es nach links nur ein paar Meter. Doch links abbiegen ist verboten: durchgezogene Linie. Das weiß im Kollegium jeder. Es hält sich aber keiner dran.

Ein Blick auf die Checkliste: rechts oder links? Ordnungsgemäß rechts abbiegen, die Schleife um den ganzen Schulblock herum: Ich verliere vier Minuten. Links abbiegen: Ich gewinne Zeit und ein Stück innere Ruhe. Zwei Wochen lang habe ich mich vorbereitet. Macht 20160 Minuten (okay, ziehen wir pro Tag dreieinhalb Stunden Schlaf ab – macht immer noch mehr als 17000 Minuten). Jetzt brauche ich diese vier Minuten! Ich brauche sie einfach! Die letzte Entscheidung, bevor ich endlich die Lehrprobe hinter mich bringen kann: links oder rechts?

Als der junge Mann in der blauen Uniform die Kelle mit dem roten Reflektor in der Mitte hochhält, ist es schon zu spät. Direkt vor dem Schultor komme ich zum Stehen. Es ist ausgerechnet die Zeit, in der auch die meisten Schüler ankommen. Ein paar Meter die Straße hoch ist kurz vorher der Bus zum Stehen gekommen und hat Dutzende Schüler ausgespuckt. Der Polizist tritt neben die Fahrertür, ich kurbele das Fenster herunter: »Guten Morgen, junge Frau. Sie haben eine Verkehrswidrigkeit begangen.« Die junge Frau sitzt beschämt hinter dem Lenkrad. Der Mann in Uniform reicht mir einen Zettel zum Gestehen meiner Ordnungswidrigkeit ins Auto – ich sehe rot. Schüler klopfen an das Beifahrerfenster, passieren feixend das Auto. »Krasse Karre, Frau Zeiler!«

Leugnen lohnt nicht. Ich muss aussteigen, alle können es sehen. Er nimmt meine Daten auf, spult die Belehrungen ab. Endlich kann ich weiterfahren und parke vor der Schule. Es ist 7.55 Uhr. Ich habe noch fünf Minuten, um alles vorzubereiten. Das erste Mal seit Wochen läuft etwas nicht nach Plan – genau das hat mir noch gefehlt: Die Einbahnstraße hat mich aus der gedanklichen Sackgasse hervorgezerrt. Die Lehrprobe lief bestens. Zwar sahen ein paar der Quader aus wie Dixi-Klos, Hazim fand das Blau des

Papiers »konkret schwul, ey« und Sabrinas Rechner hängte sich auf, nachdem Bogdan Laminierfolie in das CD-Laufwerk eingelegt hatte, aber insgesamt konnte die Stunde als voller Erfolg verbucht werden. Jetzt kann ich auch wieder nett zu meinem Ehemann sein (Punkt 7) – bis zur nächsten Lehrprobe.

Last Exit: Siegerland

Dominik Stemhöhner, eine Schule irgendwo in Südwestfalen

Ich ließ mich ausgepowert auf der Bank der Soccer-Halle nieder und nahm einen großen Schluck aus der Wasserflasche. Ingo, Lars, Jonas und ich hatten heute keinen Lauf gehabt und ordentlich abgelost gegen die vier Physikstudenten, gegen die wir alle zwei Wochen spielten. Was für ein Tag, der bereits ziemlich ernüchternd begonnen hatte, als ich den Briefkasten aufmachte: Die Post von der Schulbehörde war da. Direkt nach dem Ersten Staatsexamen in den Fächern Sport und Biologie hatte ich die formale Bewerbung an meine zuständige Bezirksregierung in Detmold abgeschickt. Wie alle Absolventen wusste ich, dass ich bald Koffer packen musste. Denn im Bezirk herrschte Einstellungsstopp, es wurden keinerlei Referendariatsplätze vergeben. Das war jetzt zwei Monate her. Seit Tagen hatte mich deshalb schon die Frage gequält, wohin es mich verschlagen würde. Heute war der Moment der Wahrheit gekommen.

Mit zittrigen Fingern zog ich das Papier aus dem Umschlag. Über dem amtlichen Schreiben prangte der nüchterne Briefkopf der Schulbehörde, darunter der Betreff »Vorbereitungsdienst für das Lehramt an Gymnasien in Nordrhein-Westfalen«. Und dann: »Sehr geehrter Herr Stemhöhner …« Hastig suchten meine Augen das Schreiben nach dem Seminarort ab. Klar, ich musste nehmen, was kommt. Aber was dann kam, war kein Grund für Freudensprünge, keiner zum Aufatmen und noch nicht einmal ein vertretbares Übel. Es war die Höchststrafe: »Seminarort: Siegen.« Oh nein, ausgerechnet Siegen! Und wer sich jetzt fragt, was daran so schlimm ist, dem will ich es gern erklären: Was dem Briten vor 200 Jahren Australien war, ist dem Lehramtsanwärter in Nordrhein-Westfalen der Schulbezirk Arnsberg.

Jeder Referendar im ganzen Bundesland kennt den Treppenwitz – und er ist die reine Wahrheit: »Was ist schlimmer als verlieren? Siegen!« Was der Amtsschimmel sachlich »Flächenseminar Regierungsbezirk Arnsberg« nennt, ist nichts anderes als die Aussicht auf die anderthalbjährige soziale Verödung. Auch im Siegerland gibt es fließend kaltes und heißes Wasser. Das war's dann aber auch mit den Annehmlichkeiten, wenn man unter 50 ist und seinen Lebensinhalt nicht im Tragen von Schützentracht oder in der Mundart-, Brauchtums- oder Gartenpflege sieht. Denn in Südwestfalen gibt es, so weit das Auge reicht, vor allem eine ganze Menge von: gar nichts! Kurz gesagt: Siegen ist langweilig. Und meine Einsatzschule lag noch eine knappe Autostunde davon entfernt.

Ich hatte sofort den Rechner angeschaltet, um mehr über die Gegend herauszufinden. Vielleicht war es alles auch gar nicht so schlimm? Anfang des 19. Jahrhunderts gehörte der Landstrich, das Wittgensteiner Land, für einige Jahre zum Großherzogtum Hessen-Darmstadt. Weiter las ich, dass die lokale Mundart – das Wittgensteiner Platt – von Sprachforschern dem Oberhessischen zugerechnet wird. Wäre der Landstrich doch bloß unter hessischer Fürstenverwaltung geblieben! Dann wäre ich jetzt fein raus. Na ja, vielleicht. Provinz ist immer ein Schicksal. Aber eine Grenzverschiebung war bis in drei Wochen politisch eh nicht mehr zu erreichen. Ein paar Klicks weiter machte die Recherche über Google Maps eine weitere Hoffnung zunichte: Wenn ich da schon hin musste – kam man mit dem Auto dann nicht wenigstens schnell wieder von dort weg? Die einfache Antwort: nein. Köln liegt fast zwei Stunden entfernt, Frankfurt ebenso. Mit dem Auto, wohlgemerkt. In Sachen Ausgehen ist das eine Tagesreise. Ich musste mich wohl oder übel in mein Schicksal ergeben.

Ich trank zunächst etliche Heulbiere mit den Jungs. Einige Tage später verspürte ich einen Anflug von Mut. »Mach mal die Schultern breit«, forderte Ingo mich auf. »Als Sportler lässt man sich doch nicht von so was einschüchtern. Dominik, du hörst sofort auf zu flennen und fährst da jetzt erst mal hin.«

Und so stand ich eines Tages im Januar früh auf, setzte mich in meinen Polo und machte mich auf den Weg. Es war traurig, es dauerte ewig und es gab noch nicht einmal eine Autobahn. Wie ein kleines Mädchen, das in der fremden Stadt mit nichts als einem kleinen Koffer aus dem Zug steigt und verschüchtert um sich blickt, hielt ich nach drei Stunden am Ortseingangsschild des kleinen Städtchens, von denen es so viele im Siegerland gibt. Es war Januar und bitterkalt. Mein künftiges Zuhause empfing mich mit 40 Zentimeter Neuschnee. Ich musste fahren wie ein Rentner. Weit nach vorn gebeugt umklammerte ich das Lenkrad. Die Scheibenwischer taten ihr Bestes, um mir freie Sicht auf das Elend zu verschaffen.

Was ich sah, war ein Spiegel meines Gemütszustands: die Häuser grau in grau, Tristesse pur. Die Gegend ist bekannt für ihren Schieferabbau. Ein populärer Witz über die Gegend geht so: »Woran erkennt man eine Fluggesellschaft aus dem Siegerland?

An der verschieferten Wetterseite.« Passend dazu sind auch die Leute: schroff, abwartend und schmallippig. Und wenn einer doch mal den Mund aufmacht, klingt es unfreundlich und abwehrend. Auch beim Bau ihrer weiterführenden Schule hatten die Stadtbewohner ihre Schutzschicht gegen alles Ästhetische unter Beweis gestellt: Nach einiger Fahrerei stand ich vor dem schmucklosen Siebzigerjahre-Bau. Mittlerweile war es Mittag. Und ich war von der ersten Hälfte des Tages so schockiert, dass ich es trotz der langen Anreise nicht schaffte, mir auch nur eine einzige Wohnung anzusehen. Ich fand dann eine zwei Tage nach Dienstantritt.

Mein Einzimmerapartment lag direkt neben der Schule. Das kam mir gelegen. Ich wollte auch gar keine Gemütlichkeit aufkommen lassen, um bloß nicht zu vergessen, dass ich so schnell wie möglich wieder von hier verschwinden wollte. Ich hatte mit einer Art asketischer Selbstkasteiung begonnen, die es mir erlaubte, die anstehende Zeit als eine Art zweiten Grundwehrdienst zu betrachten. So sahen das Ref im Seminar Siegen nicht wenige, frei nach dem Motto »Jetzt gehen wir da hin, kotzen alle mal kräftig, und dann ist es hoffentlich bald vorbei.« Ein anderes Bonmot über Siegen als Seminarort ist das vom Bahnhof: schnell umsteigen und nichts wie weg. Richtig ankommen tut hier keiner (außer denen, die eh von hier sind). Und so hatte ich das Bettgestell gleich zu Hause bei meinen Eltern gelassen und schlief in bester Studentenmanier auf einer Matratze auf dem Boden. Daneben lag der Koffer, aus dem ich lebte. Denn die Wohnung war kalt und klamm und die feuchteste Stelle war nicht etwa das Bad, sondern der Wandschrank.

Ein ganz anderes Bild als das Durcheinander in meinem Kopf und meiner Wohnung gab das Leben an der Schule ab. Hier herrschten Ordnung und Disziplin, soweit sie den örtlichen Sitten entsprach. Selbst der Referendar gilt als natürliche Respektsperson. Betritt er den Raum, stehen die Schüler auf und begrüßen ihn. Erst wenn er sich setzt, lassen sie sich selbst nieder. Das hatte ich noch nie erlebt, und es machte die Arbeit definitiv leichter als den Unterricht an der Gesamtschule in meiner ostwestfälischen Heimatstadt, den ich im Studienpraktikum erlebt hatte. Die andere Seite der konservativen Prägung: Im Sommer, in der Hochzeit der Schützenfeste, ist es ein ungeschriebenes Gesetz, dass die Schüler ihre Hausaufgaben nicht machen oder ganz fehlen. Im Wittgensteiner Land geht eben nichts über die Schützenherrlichkeit. Das Highlight des Jahres: Die Frauen drapieren sich in festlichen Kleidern, die Männer marschieren in mit Orden geschmückter grüner Joppe und weißer Hose voran.

Nach einem Samstag, an dem ich notgedrungen den burschenherrlichen Umzug der Schützen vor dem Fenster meiner Miniwohnung betrachtete, fasste ich einen Entschluss: Nie wieder würde ich ein Wochenende in dieser Einöde verbringen. Seitdem war es so: Sobald frei war, war ich weg. Ich blieb teilweise bis Montagfrüh bei meinen Eltern und Kumpels in der Heimat, um dann um 4 Uhr morgens aufzubrechen. Irgendwann kannte ich die Strecke so gut, dass ich wusste, an welcher Stelle der Bundesstraße man gut zum Pinkeln anhalten konnte. Es gab schließlich keine einzige Raststätte auf dem Weg.

Nachdem mich allerdings eine entzündete Zahnwurzel gezwungen hatte, doch ein Wochenende vor Ort zu bleiben, beschloss ich, mich nicht halsstarrig gegen alles verschließen zu können. Nun ist es in Gegenden wie dem Siegerland allerdings so, dass an den Schulen fast nur diejenigen aufschlagen, die selbst dort aufgewachsen sind. Das war ja das Tragische an meiner Situation. Aber eine Person gab es doch. Ich knüpfte Kontakt zu meiner Mitreferendarin Bettina, der neben mir einzigen Zugezogenen. Mit ihr teilte ich seitdem einmal in der Woche das Auto für die Fahrt zum Seminar und überhaupt das Schicksal der Landverschickung – nur eben sonst leider keine Interessen. Alkohol wäre natürlich eine

Lösung gewesen. Aber von den Kneipen hielt ich mich lieber fern. Der Seminarleiter hatte uns extra eingeschärft, wir sollten besser nicht in die Wirtshäuser gehen. In kleinen Gemeinwesen im Siegerland fällt das nämlich sofort negativ auf, und du wirst als Referendar unweigerlich zum Gesprächsthema am Esstisch: »Der neue Referendar trinkt unter der Woche Bier. Ja, ich hab's gesehen, drei Große hatte der!« The village is watching you!

Aus Zeitmangel verfuhr ich beim Essen ähnlich unsozial: Mit meinem seit dem Beginn des Ref erworbenen Detailwissen über Tiefkühlware hätte ich bei *Galileo* oder *Rach, der Restauranttester* auftreten oder mich als Experte von der Stiftung Warentest anheuern lassen können. Ich hatte in meiner Miniwohnung nur zwei Herdplatten, und wenn ich vor ihnen stand, drohte ich mit dem Hintern den Fernseher umzustoßen – mein Fenster zur Welt! Entsprechend wartete ich in meiner Wohnung vor allem darauf, dass es dunkel wurde. Entweder ging ich dann schlafen. Oder, auch das mag meinen Geistes- und Gemütszustand beschreiben, ich trat meinen Zweitjob als Nachtwächter meiner Schule an.

Nein, nicht im Ernst. Aber ich war nachts wirklich oft in der Bibliothek. Ich gefiel mir darin, die Unterrichtsvorbereitungen zu gestalten wie das Hausarbeitsschreiben im Studium: als Nachteule. Außerdem wäre ich in meinem Loch wahnsinnig geworden. Ich ging also abends in die Schule und nutzte dort den Bibliotheksrechner. Das war bisweilen richtig gruselig – mitten in der Nacht allein in dem riesigen Gebäude. Um 1 Uhr wurde immer die Straßenlaterne vor dem Fenster ausgeschaltet, dann war es erst recht zappenduster. Im Biologietrakt steht ein Skelett. Und als dann eines Abends unangekündigt die Tür aufging und der Hausmeister mit einem Spaten in der erhobenen Hand den Kopf hereinsteckte, erschrak ich schon sehr. Ich hatte ihm nicht Bescheid gesagt, er hatte Licht gesehen und dachte, ich sei ein Einbrecher.

Ähnlich erschrocken war ich, als mich eines Vormittags auf meinem Matratzenlager die Türklingel aus dem Schlaf riss. Ich hatte erst zur vierten Stunde Unterricht und bis tief in die Nacht in der Schule gearbeitet. Ich war sofort hellwach: Das war noch nie zuvor passiert! Keiner meiner Freunde hatte es je über sich gebracht, mich hier zu besuchen. Es musste also etwas Schlimmes passiert sein. Ein Unfall im Treppenhaus? War meinen Eltern etwas zugestoßen? Das Handy hatte ich ausgestellt. In Boxershorts und schlabberigem Longsleeve stürmte ich zur Tür. Im Hausflur stand eine alte Frau mit einer dicken Hornbrille. Sie war von den Zeugen Jehovas. »Guten Tag, ich möchte mich mit Ihnen über Gott unterhalten. Haben Sie manchmal Angst vor der Zukunft?« Sie glaubte, dass die Apokalypse bevorstehe. Halb verstört, halb freundlich schickte ich sie weg und schloss die Tür. Das mit der Angst vor der Zukunft kann ich seitdem nicht mehr vergessen. Aber die Hoffnung stirbt bekanntlich zuletzt.

Haben Sie noch alle Vögel im Schrank?

Bent-Ove Thomsen, Grundschule, Hamburg

»Und das ist meine Schwester Sonja.« Lena zeigt auf die krakelige Figur auf ihrem Zeichenblock. Sie hat ein Bild von ihrem Zuhause gemalt. Es ist eine meiner ersten Stunden im Sachkundeunterricht an der Grundschule. In den vergangenen Tagen sollten die Kinder ihre persönliche Umgebung beschreiben und dokumentieren. Ausgehend vom eigenen Sitzplatz im Klassenzimmer haben wir den Rahmen Schritt für Schritt immer weiter gespannt – über die Mitschüler und mich, die Eltern, Geschwister und ihr Zuhause. Aneignung des persönlichen Lebensumfeldes, Erfassung der Umgebung, Stadtteil-Kartografierung, so lautet das Thema im Lehrplan. Heute wollen wir wieder einen Schritt weiter gehen.

»Danke, Lena«, sage ich, als das Mädchen ihren Vortrag beendet hat. »Und wenn man jetzt aber einen ganzen Stadtteil malen will und nicht nur ein Haus und die eigenen Eltern und Geschwister – wie macht man denn das? Ganz Eimsbüttel passt ja zum Beispiel nicht auf eine Seite im Zeichenblock.« Das leuchtete den

Kindern ein. Und Landkarten kannten sie natürlich auch. Nur wie malt man ein Bild von ganz Eimsbüttel? In meiner Stundenvorbereitung hatte ich mir eigentlich den Begriff »Satellit« dick unterstrichen. Aber als ich jetzt stichelte, damit der Begriff fällt, will keiner von den Schülern die zündende Idee haben. Deshalb locke ich sie ein bisschen: »Könnte man denn vielleicht wie ein Vogel in die Luft hochfliegen und ein Foto machen? Oder könnte man vielleicht eine Taube mit einer Kamera in den Himmel hochschicken – von dort oben kann man doch alles sehen, oder?« So waren wir auf einem guten Weg zur Erläuterung des Begriffs »Vogelperspektive«, als es zur Pause klingelte.

Ich beschloss die Stunde mit einem, wie ich meinte, guten Witz: »Also gut, dann besorge ich die Kamera – und ihr besorgt den Vogel. Bis morgen!« Stühlerücken, Ranzenpacken, allmählich leerte sich der Klassenraum. Es war Sommer. Und ich ging gut gelaunt nach Hause. Doch meine Ahnungslosigkeit währte nur bis zum frühen Nachmittag. Das Telefon klingelte. Es war die Mutter des kleinen Maximilian, die sich für die Störung entschuldigte, aber zügig zum Thema kam: »Maximilian ist einfach nicht davon abzubringen. Er schwört, Sie hätten ihm als Hausaufgabe gegeben, einen Vogel mitzubringen. Und er besteht darauf, unseren Familien-Wellensittich Pepsi morgen mit in die Schule zu nehmen. Was für ein Stress für den Vogel!«

Wenige Minuten später der nächste Anruf – von der Mutter der kleinen Lisa, der, wenn man es so sagen will, Streberin in der Klasse: »Lisa weint die ganze Zeit. Ich dachte erst, ihr tut etwas weh. Aber dann rückte sie raus mit der Sprache: Sie war so furchtbar enttäuscht über sich selbst, dass es ihr nicht gelingt, auf der Wiese einen Vogel zu fangen. Ich habe mit ihr jetzt einen aus Papier gefaltet – reicht das auch?« Ich konnte es kaum glauben, musste mir meinen Fehler aber eingestehen: Die Schüler sind es im Sachkundeunterricht gewohnt, auf dem Schulhof oder auf dem Heimweg Blätter, Tiere oder das Wetter zu erforschen, zu beobachten und zu dokumentieren. Warum also nicht einen Vogel mitbringen? Das verstehen sie, Ironie dagegen nicht.

Vorsicht also bei bestimmten Redewendungen (»Ich fress einen Besen« oder etwa »Dafür lege ich die Hand ins Feuer«), die die Schüler auf den Lehrkörper beziehen könnten! Die Kinder nehmen, haha, alles für bare Münze. Also besser nur das sagen, was man auch wirklich meint. Man weiß nie, was sonst passieren könnte.

Am nächsten Tag verwandten wir die ersten Minuten im Unterricht darauf, zu erklären, was Ironie ist: das eine sagen und das Gegenteil meinen. »Ach, so wie meine Mutter, wenn sie mit meinem Vater spricht?«, fragt Adrian. Ganz so ahnungslos sind sie nämlich doch nicht. Der kleine Henri hatte zum Beispiel gar keine Anstrengungen unternommen, einen Vogel zu besorgen. Der Grund war sein Vater: »Mein Papa hat gestern gesagt: ›Du nimmst keinen Vogel mit in die Schule. Bei deinem Lehrer piept's wohl!‹«

Kernseminar-Bingo-Krone

Alexander Schweizer, Gymnasium, Gelsenkirchen

Eine der langweiligsten Pflichten im Ref ist mit Sicherheit das Kernseminar. Man möchte meinen, der Kernseminarleiter, in meinem Fall ein in die Jahre gekommener Alt-68er, habe seine Position dadurch erlangt, dass er eine unfreiwillige Beförderung in die Lehrerausbildung – nach behördlichen und pekuniären Maßstäben ein Karriereschritt – nicht ablehnen konnte, nachdem die Schulleitung ihm die anstrengende Arbeit im direkten Kontakt mit Schülern nicht mehr zumuten wollte (oder den Schülern die Arbeit mit ihm) und ihn für die höhere Aufgabe des Seminarleiters auserkoren hat. Und weil man es mit angehenden Junglehrern ja machen kann, bringt sie der amtlich geprüfte Oberpädagoge jede Woche mehrere Stunden lang auf den neuesten Stand der Didaktik (oder was er dafür hält).

Er bedient sich dabei vorzugsweise altphilologisch geprägten Vokabulars (Leistungsheterogenität, kumulatives Lernen, didaktische Reduktion, pädagogische Diagnostik) oder Kombinationen an sich gängiger deutscher Wörter, die in ihrer Neuzusammenstellung aber nicht einmal er selbst mit Leben füllen kann (Erwerb von Handlungskompetenzen, angstfreier Lernraum). Und er wiederholt die Phrasen vor allem sehr oft in den verschiedensten Zusammenhängen, um sicherzustellen, dass die Zuhörer sie verstehen und anwenden können. Um unsere volle Aufmerksamkeit für diese Inhalte zu garantieren, entwickelten meine Mitseminaristen und ich eine methodische Hilfe, die es uns ermöglichte, den Lernerfolg zu optimieren und das Einschlafen zu verhindern (oder wenigstens hinauszuzögern): das Kernseminar-Bingo.

Anleitung für das Kernseminar-Bingo - ein lustiger Zeitvertreib für zehn bis dreißig Mitspieler

Zubehör:
Du brauchst nicht viel: Seminarleiter, Seminarraum, Stifte, Papier, einige Mitspieler - das war's!

Spielstart:
Vor dem Seminar schreibt jeder Mitspieler zehn Wörter, von denen er annimmt, dass sie in der bevorstehenden Seminareinheit fallen, auf einen Zettel. Erkennt er eine Übereinstimmung zwischen seiner Liste und den Worten aus dem Mund des Seminarleiters, streicht er den besagten Begriff durch.

Ziel des Spiels:
Der Erste, der alle Begriffe von seiner Liste streichen konnte, ist der glückliche Gewinner und ruft laut: Bingo!* Er gewinnt

* Sollte sich jemand fragen, ob es nicht den Zorn der Lehrkraft weckt, im Seminar laut zu rufen – mein Seminarleiter hat es nie gemerkt, welche Lernmethode wir da zur Anwendung brachten. Einmal fragte er: »Herr Schweizer, haben Sie das Thema Initiation so weit verstanden?« Und ich: »Bingo!« Da hat er sich gefreut, eine derart

in dieser Woche die imaginäre Kernseminar-Bingo-Krone - und den Respekt seiner Mitseminaristen. Viel Spaß!

---

affirmative Bestätigung seiner Erklärungen und einen lautstarken Beleg für den erfolgreichen Wissenstransfer erhalten zu haben.

Wer ist der Jesus-Typ in der Mitte?

Saskia Prenzel, Hauptschule, Osnabrück

Der Leiter des Studienseminars sichert die sachgerechte Aufgabenerledigung und ist der Vorgesetzte der Mitarbeiterinnen und Mitarbeiter des Studienseminars. Mein Seminarleiter für evangelische Religion trug neben der fachlichen Verantwortung auch einen Heiligenschein. Die meisten würden ihn als den »Jesus-Typ« bezeichnen. Herr Meyer-Kampfer kommt nicht in irgendwelchen Gewändern daher. Aber seine etwas längeren Haare, ein kleiner Ohrring, die obligatorischen Birkenstock-Latschen, seine sanfte Stimme und seine ruhige, leicht beseelte Art zu reden lassen bei einem Seminarleiter für Religion kaum eine andere Assoziation zu.

Er schwebt mehr durch die Gänge, als zu gehen, und seine Körperhaltung wirkt immer ein wenig unnatürlich – zu gerade durchgedrückt ist der Rücken, nie hat er die Hände in den Hosentaschen oder hinter dem Rücken versteckt. Er hält sie stets in offener Geste seinem Gesprächspartner entgegen. So wie der Papst, wenn er im Fernsehen auf die Bischöfe oder Gläubigen zumarschiert.

Beim Sprechen macht er viele Pausen. Er erweckt immer den Eindruck, als warte er auf eine göttliche Eingebung, dabei würde ihm eine Erweckung guttun. Er bewegt sich langsam und bedächtig, jeder Vortrag, jeder Satz gleicht einer Predigt. Amen. Bisweilen ist es ziemlich anstrengend, ihm zuzuhören. Aber er ist immer zufrieden, sieht in allem das Gute, auch bei mir. »Sie haben die Schüler nur ein bisschen zu sehr gelenkt. Aber alles ist bei Ihnen auf einem guten Weg.« In die Irrenanstalt? So gestresst, wie ich immer bin, möchte ich ihn wahlweise schütteln und anschreien (»Komm doch mal zum Punkt!«) oder gleich ans Kreuz nageln. Ich bin noch kein Jahr dabei. Praktische Tipps für die Unterrichtsgestaltung bräuchte ich so dringend wie die Wüste das Wasser. Aber immer, wenn ich eine seiner Empfehlungen umsetzte, führte mich das gedanklich auf geradem Weg zum fünften Gebot: Du sollst nicht töten (auch nicht deinen Seminarleiter).

An meiner Hauptschule zu unterrichten, ist im Allgemeinen eine Herausforderung. Evangelische Religion in meiner Sechsten grenzt an Wahnsinn. Wir versuchen, einen offenen Religionsunterricht zu machen, um die muslimischen Schüler – immerhin ein Drittel der Klasse – einzubinden. Wenn die Eltern das nicht wollen, können sie ihre Kinder vom Religionsunterricht befreien lassen. Nicht alle machen das. Und der Rest? »Jetzt melden sich bitte einmal alle, die evangelisch sind.« Zwei Schüler zeigen auf. Neulich, kurz vor den Osterferien. »Welche christlichen Feiertage kennt ihr?« Keiner meldet sich. »Warum habt ihr nächste Woche frei, Sebastian?«

»Keine Ahnung. Weil die Schule zu ist?«

Ich versuche also, meinen Schülern die Bedeutung des Gründonnerstags beizubringen. Und das mit einem Ratschlag meines Lieblingsseminarleiters: »Wählen Sie doch mal andere Medien zum Einstieg. Die Kunst eignet sich zum Beispiel sehr gut für den Religionsunterricht. Man kann darin so viel sehen.« Und so begab es sich zu jener Zeit, dass ich für meine Unterrichtsstunde eine sauber gerahmte Abbildung von da Vincis »Das Abendmahl« auf die Rückbank meines Lupo quetschte (es hat mich Tage gebraucht, da dranzukommen) – die Abbildung von Jesus mit seinen zwölf Aposteln am Vorabend des Verrats durch Judas und den Tod Jesu am Kreuz.

Als ich das Gemälde auf dem Pult abstelle und meiner Klasse 6 die Abbildung der Männer in langen Kleidern am Abendmahlstisch präsentiere, ist der Stundenentwurf im Eimer, bevor er auch nur die Initiation erreicht hat.

»Sind die schwul, oder was?«, fragt Marvin und bestätigt damit meine Befürchtung, dass es den Schülern an jeglichem Abstraktionsvermögen für frühere Epochen und ihre Sitten mangelt.

»Wer ist der Jesus-Typ in der Mitte?«, fragt Lewis.

»Das ist Jesus.«

»Krass, der echte?«

Ja, genau der.

»Machen die Party in Kirche, oder was?«

Gott, hilf! »Natürlich nicht«, erkläre ich. Beim letzten Abendmahl habe Jesus mit seinen Jüngern Brot gegessen und Wein getrunken.

»Genau, Komasaufen«, interpretiert Lewis.

Wie lautet noch gleich das zweite Gebot? Du sollst den Namen Deines Herrn nicht missbrauchen.

So wird das Lehrmittel zum Leermittel. Warum auch ein Gemälde? Darauf hätte ich mich gar nicht erst einlassen sollen. So etwas kennen meine Schüler aus ihrer Freizeit nicht. Das hat mit ihrem Alltag nichts zu tun, der mit der Playstation und Fernsehen angefüllt ist. Die meisten können ja selbst gar nichts dafür. In meiner Klasse sind viele Kinder aus dem Hochhausviertel in der Nähe der Schule – ein eher raues Pflaster. In der DDR hätte man Arbeiterschließfächer gesagt. Und es ist die Wisteria Lane der Hartz-

IV-Housewives: Meine Mentorin hat mir erzählt, beim Elternabend merke man immer sehr genau, welche Mutter mit welchem Vater gerade fremdgeht und wer deshalb auf wen sauer ist. Zu Hause ist es für die Kinder also beileibe schon kompliziert genug. Vielleicht sind die Kids in der Schule deshalb zutiefst pragmatisch.

Wenn sie ihr Desinteresse ausdrücken wollen, kauen sie nicht still Kaugummi oder rekeln sich auf dem Tisch herum. Sie sagen ganz offen, wie es ist. Neulich, Montag, erste Stunde: Ich begrüße die Klasse. »Guten Morgen zusammen!«

Jan-Niklas, wie aus der Pistole geschossen: »Ich hab keinen Bock, Frau Prenzel. Mein Negerfreund ist heute gar nicht da.«

Was das bitte heißen soll, frage ich. Ob er schon einmal überlegt habe, wie rassistisch das ist, was er da sagt.

Die Antwort, untermalt durch ein Schulterzucken: »Wieso, der ist doch mein Freund. Den kann ich doch nennen, wie ich will.«

Mir fällt ein Ratschlag von Herrn Meyer-Kampfer ein. Er hatte sich meinen »Befehlston« verbeten, als ich Ezra, Lennox und Brandon angewiesen hatte, sich endlich umzudrehen und zur Abwechslung mal nach vorne zu schauen. »Es kann sehr schön sein, mit den Kindern auf dem Boden zu sitzen und eine Kerze anzuzünden. Man muss die Schüler wertschätzen und nett zu ihnen sein.« In meiner Klasse? Vor meinem geistigen Auge sehe ich die Haare meines Seminarleiters in Flammen stehen und die Feuerwehr anrücken. Ich ordne also Gruppenarbeit an und teile die Arbeitsgruppen ein. Fast ohne Befehlston. »Jan-Niklas, Devin, Sina, Roger, ihr seid eine Gruppe.«

»Ey nee, nicht mit Devin, Frau Prenzel!«

»Warum denn nicht?«

»Der ist Opfer.«

»Wieso Opfer?«

»Der ist doof. Der kann nix. Und der stinkt.«

»Okay, wir können losen.«

»Ey nee, das ist auch scheiße. Dann muss ich am Ende wieder mit der Kanakentochter.«

Gemeint ist Samira. Ich hebe gerade zu einer Standpauke über respektvolles Miteinander und den Gebrauch von Schimpfwörtern in der Klasse an, da fällt mir das Mädchen ins Wort. »Ey wieso? Ich bin doch Kanakin. Ich versteh gar nicht, wo Problem sein soll. Schimpfwort wäre ja nur, wenn ich zu Sie sage, ***Sie*** sind Kanakin, Frau Prenzel.«

»Ja, aber könnt ihr nicht mal netter miteinander reden?«

»Ey wieso? So reden wir eben so. Ist doch voll normal.«

Noch etwas habe ich gelernt, auch ohne den Beistand meines Seminarleiters: Keine Handy-Fotos mehr im Unterricht! Denn du sollst dir kein Bildnis von deinem Gott machen. Das löst nur unnötige Diskussionen aus. Gemeinsam stellten wir in einer Stunde die Kinderrechte der UN-Kinderrechtskonvention an der Tafel zusammen: das Recht auf Bildung, das Recht auf Essen und Trinken, auf Privatsphäre, auf Gesundheit, auf Freizeit und Spielen. Zur Herleitung und Illustration hatte ich Fotos mitgebracht: auf dem ersten liest ein Kind ein Buch, auf einem zweiten spielen mehrere Kinder Fußball, auf dem dritten sind einige Kinder über ein Handy gebeugt. Und schon sind die Kinderrechte der Vereinten Nationen vergessen. Es gibt nur noch ein Thema: »Ey, Frau Prenzel, ist doch Nokia 1610. Voll Neunziger! Brauchst du doch heute Galaxy S3. Für E-Mail.«

»Frau Prenzel, haben Sie iPhone?« So sieht Nähe zu Gott aus – ein iPhone in der Tasche.

Dass ich darauf nicht antworte, wird mir zum Glück nicht übel genommen. Ich habe es ganz gut hinbekommen, mir in meiner Klasse Autorität zu verschaffen. Anders als manche meiner Kollegen werde ich nämlich nicht geduzt. Man darf vor allem am Anfang nicht zu nett sein. Klar, im Ref ist man angewiesen auf die Schüler – du willst schließlich, dass sie mitarbeiten. Du willst eine gute Note haben. Aber sie brauchen klare Regeln und müssen wissen, wie weit sie gehen können. Die werden dann sowieso oft genug gebrochen. Dabei ist meine Fächerkombination eigentlich nicht gerade dafür gemacht, bei Schülern Respekt zu erzeugen: neben Religion unterrichte ich Hauswirtschaft.

»Haben Sie Kochausbildung gemacht?«

»Nein, ich bin eure Hauswirtschaftslehrerin. Mit Betonung auf Lehrerin.«

»Aber sind Sie doch auch Koch?!?«

Ich würde die Schüler immer zu sehr lenken, hatte Herr Meyer-Kampfer neulich in gewohnt meditativ-einschläfernder Manier erklärt. Diese jungen Geschöpfe müssten doch auch erleben dürfen, wie es sich anfühlt, eigene Erfahrungen zu sammeln und neue Wissensstufen zu erklimmen. In meiner nächsten »Kochstunde« nahm ich mir den Ratschlag noch einmal zu Herzen. Ich wollte, dass sie in Gruppenarbeit die Kennzeichen und Vorteile der verschiedenen Garverfahren benennen – Kochen, Braten, Dünsten, Dämpfen. Dazu sollten sie außerdem eine kleine Präsentation erarbeiten.

Ich atmete tief durch, als die ersten Rangeleien anfingen. Erste Beschimpfungen flogen durch den Raum – ich ließ die jungen Geschöpfe ihre Erfahrungen sammeln, bis das eigene Wort nicht mehr zu verstehen war. Ich musste einschreiten. Bemüht sanft sagte ich: »Alle ein bisschen leiser, bitte!« Keine Reaktion. »Ihr sollt euch auf eure Arbeit konzentrieren«, bat ich mit höflichem statt dominantem Unterton. Nichts passierte, keine Reaktion. Dann zupfte mich Samira am Ärmel.

»Frau Prenzel, musstu uns anschreien. Sonst wissen wir nicht, was wir machen sollen.«

So läuft das bei uns. Wir nennen es Unterricht. Aber alles ist auf einem guten Weg.

Der Knast der toten Dichter

Fabian Wegener, Realschule, Hamm

Ich hatte einen dicken Kloß im Hals. Ruhig bleiben, Fabian, einatmen – und schön wieder ausatmen. Das Schlucken fiel mir schwer. Soeben hatte meine Deutsch-Seminarleiterin Frau Isenkötter – »Ihr könnt mich gerne Hildegard nennen« – die Aufgabe für nächsten Donnerstag gestellt. Lars und ich schauten uns an. Er hatte vor allem keinen Bock. Ich bekam regelrecht Panik. Wie kam ich aus der Nummer jetzt wieder raus? Ich hatte überhaupt keine Ahnung von Lyrik. Ich war dem Thema im Studium immer ausgewichen, was an der Uni ja nicht allzu schwer ist. Zuletzt hatte ich im Einführungsseminar Literatur, erstes Semester, mit Versen, Reimen und Rhythmen zu tun gehabt. Das war Jahre her. Geschweige denn, dass ich je zuvor Lyrik zu einer peinlichen Aufführung vor Publikum, Seelenstriptease eingeschlossen, gebracht hatte.

Frau Isenkötter – also Hildegard – wollte, dass wir ein Gedicht schreiben und es nächste Woche im Seminar vortrugen – große Inszenierung inbegriffen. Unter Einsatz von Gestik und Mimik, spektakulärer Intonation, mit Aufspringen, Kniefall, Tränen, Lachen und Juchzen. »Mit all dem, was ihr dabei fühlt«, sagte Hildegard. Sie hatte auch noch auf einem Liebesgedicht bestanden. Das Verfassen sollte unseren Umgang mit Metaphern und anderen Stilfiguren trainieren. Der persönliche Vortrag sollte uns aufzeigen, wie bildgewaltig Sprache sein kann, und uns ein Gefühl davon vermitteln, welche großen Emotionen Lyrik auslösen kann und wie man die Begeisterung der Schüler für diese literarische Gattung weckt. Kurz gesagt: Wir sollten beim nächsten Mal so eine Art unfreiwilliger Klub der toten Dichter sein.

Versteht mich nicht falsch. Ich bin ja nicht blöd, und ich will Deutsch unterrichten. Mir ist also durchaus klar, dass Lyrik im Lehrplan ihren angestammten Platz und ihre Berechtigung hat. Als thematischer Einstieg kann ein Gedicht in fast jedem Fach wertvolle Dienste leisten. Und Songtexte, ob jetzt von Ich + Ich oder Deichkind, sind ja auch nichts anderes als Poesie für den iPod. Damit kann man Schüler begeistern, denke ich. Es waren vielmehr das Umfeld und die Art und Weise von Frau Isenkötter – äh, Hildegard –, die den Arbeitsauftrag für mich so fürchterlich machten. Herrje, mein erstes Fach ist Sport! Für meine Ohren lautete Hildegards Wunsch kurz gefasst: sich vor allen Ref-Kollegen bis auf die Knochen blamieren. Ich war schon beim Krippenspiel in der Grundschule lieber der Stern von Bethlehem als der Joseph gewesen. 45 Minuten hinter der Krippe – da war ich wenigstens in Sicherheit.

Hildegard war so eine Selbstgehäkelte. Der Typ alternative Frau, die Haare immer zu einem Dutt hochgesteckt, der in den studentenbewegten Jahren in der ersten Reihe im Hörsaal der Sozialpädagogik-Vorlesung gesessen und die Nadel zum Glühen gebracht hatte. Der Typ, der heute sein Smartphone in einer bunten, selbst gestrickten Wollsocke mit sich führt. Dabei sprach sie stets zart und behutsam. In ihrem Vorgarten standen bestimmt abstrakte Holzfiguren oder naturmystische Symbole. Damit kann ich wenig anfangen. Und auch die ersten Beurteilungen meiner Unterrichtsstunden waren für mich wenig greifbar. Hildegard neigte zu bildhaften Formulierungen: Ich hätte in meiner Entwicklung »einen groben Acker vorgefunden«, in diesen hätte ich dann im nächsten Anlauf »Furchen hineingezogen«, alsbald dann »die groben Lehmklumpen klein gebröselt«, um nun allmählich »etwas anzubauen«. So redete sie ständig.

Klar, bei Literatur gibt es immer Interpretationsmöglichkeiten. Aber bei der Leistungsbeurteilung? Hildegard benutzte schlichtweg keine Worte, denen ich eine Aussage hätte entnehmen können. Das sagte ich ihr dann auch. »Äh, Acker, Furchen, Klumpen – ist das jetzt gut oder schlecht?« In ihrer Antwort fielen ziemlich häufig die Worte »Entwicklung«, »Weg« und »gemeinsam«. Deshalb sah ich davon ab, noch einmal nachzufragen. Und jetzt das. Auf in den Knast der toten Dichter.

Mir wurde schon ganz anders, wenn ich an meine 10a in Deutsch dachte. Wenn ich mich vor die hinstelle, um ein Gedicht à la Hildegard zu rezitieren, hätte ich ab sofort schweres Spiel. Dort, wo Dejan, Viktor und der Rest der Bosnier- und Serben-Gang herkommt, tragen Männer nicht halb weinend auf Knien Liebesgedichte vor. Die würden denken, ich hätte nicht mehr alle Latten am Zaun. Und den hart erarbeiteten Respekt könnte ich dann gleich vergessen. Meine Motivation tendierte also gegen null.

»Ist doch alles gar kein Problem«, sagte Lars. Es war Dienstag, das Deutsch-Seminar rückte immer näher. »Hast du nicht mal ins Internet geguckt?« Ich schlug mir mit der Hand vor die Stirn. Klar, das war meine Rettung! Seit Tagen hatte ich die Aufgabe, ein Liebesgedicht zu schreiben, erfolgreich verdrängt. Doch langsam wurde die Zeit knapp. Lars hatte sich seinerseits in einschlägigen

Foren umgetan, in denen begabtere Menschen als wir, die sogar gern Gedichte verfassen, ihre Verse hochluden. Dort gab es, sauber eingeteilt in Kategorien wie »Abschied« und »Trennung« über »Träumen« bis hin zu »Liebster« Gedichte über jede erdenkliche Befindlichkeit. So liefen wir auch nicht Gefahr, entdeckt zu werden. Wir bedienten uns schließlich nicht bei einem alten Meister. Hildegard kannte ihre Helden: Goethe, Rilke, Hölderlin oder Fontane. Meine Wahl fiel auf ein Posting von »herzenreiter81« mit der Überschrift »Verzehrung«.

Lars war bereit, eine ordentliche Show abzuliefern. »Pass mal auf. Ich haue heute mal einen raus«, sagte er, als wir uns am Donnerstag im Seminar niederließen. Lars hatte in den zwei vorangegangenen Unterrichtsbesuchen nicht gerade geglänzt. In seinen eigenen Worten hatte er sie »verkackt«. Deshalb war er bereit, dafür zu sorgen, dass »da jetzt mal was geht«. Ich bewunderte ihn für seine abgeklärte, pragmatische Haltung. Das Seminar war zweigeteilt: Auf der einen Seite gab es die Vergeistigten, die Hardcore-Poesie-Fans, die sich richtig darauf freuten, dass ihr Thema endlich mal zu verdienter Geltung kam. Als die ersten ihre Werke vorgetragen, sich auf die Knie geschmissen und die Arme zum Himmel gereckt hatten, war meine Zugehörigkeit zur anderen Hälfte bestätigt. Die Hälfte, die sich für die erste fremdschämte.

Es ging reihum. Somit war nach 23 Minuten des Deutsch-Seminars an diesem Donnerstag klar: Jetzt war ich an der Reihe. Lustlos und viel zu schnell ratterte ich mein (geklautes) Gedicht herunter. Es machte keinen Spaß, war zum Glück aber schnell vorbei und tat nicht so weh, wie ich befürchtet hatte. Hildegard war anzumerken, dass sie sich ein bisschen mehr Emphase gewünscht hätte. Aber das war einfach nicht mein Ding. Ich schrieb meiner Freundin lieber ein Post-it, als die drei Worte zu sagen.

Sollte sie mich doch auf ihrer persönlichen Skala von »Lehmklumpen bröseln« wieder auf »Furchen ziehen« herunterstufen.

Lars wiederum, so stellte sich heraus, hatte eine Seite an sich, die ich noch nicht kannte. Er war nach mir dran, und sein Vortrag des Gedichts mit dem Titel »Vorbei« war ein Schock für mich. Es war, als wäre er über Nacht zu einem anderen geworden. Lars startete gemächlich und leise, dann schwoll seine Stimme an, ging nach einem kurzen Tremolo über in ein Flehen, fast Singen, um sich anschließend hin- und herzuwiegen und leise auszuklingen. Hildegard war tief bewegt. Sie schaute drein, als würde sie im nächsten Moment vor Ergriffenheit Rotz und Wasser heulen. In der Klasse war es still.

»Das hast du jetzt aber wirklich ganz großartig dargestellt, Lars«, hob Hildegard an. »Du bist wirklich ein zartes Pflänzchen, dessen Schönheit man erst auf den zweiten Blick erkennt. Das konnten wir alle sehr gut mitempfinden! Wie ist das Gedicht denn entstanden?« Da lief Lars ein zweites Mal zu Höchstform auf. Er war wirklich wahnsinnig gut darin, ihr weiszumachen, dass er sich diese Zeilen über ein Paar, das sich zum letzten Mal umarmt und dann auseinandergeht, selbst ausgedacht hatte. Er habe an einem Herbsttag am Fenster gesessen und ein Blatt beobachtet, das sich beim Herabfallen im Wind bewegte. Und wie er so dasaß und das Umherschweben des kleinen Blattes im Wind beobachtete, da habe er die Worte in sich gespürt und den Rhythmus, in dem sie eine Einheit formten. Er habe die Situation des Abschieds im Herabfallen des Blattes gesehen. Und als sie, Hildegard, in der Woche zuvor die Aufgabe stellte, sei ihm klar gewesen, dass er dieses Gedicht vortragen werde.

»Ich finde es ganz toll, dass Sie alle so viel Herzblut in Ihre Vorträge gesteckt haben«, lobte Hildegard einige Zeit später und beschloss die Stunde. »#herzblut« hatte Lars zu einem starken Auftritt verholfen. Welche Ironie in der Poesie! Dafür sollte er, wenn es nach mir ginge, auf ewig im Knast der toten Dichter schmoren!

Ruhe. Bitte!

Markus Nussbauer, Berufsfachschule,
Südschwarzwald

Jemand hat mich in den Körper meiner Mutter gesteckt. Seit einiger Zeit gehen schlimme Veränderungen in mir vor: Morgens komme ich kaum aus dem Bett. Kopf und Rücken schmerzen unaufhörlich. Ich werde vergesslich und sage Sätze wie »Euch geht's viel zu gut«, »Hoffentlich sind deine Kinder später auch mal so«, »Ich kann auch ganz anders«, »Wehe – sonst ziehe ich hier mal ganz andere Seiten auf« oder »Es ist auch für mich die sechste Stunde!«. Dazu zeigt mir mein Spiegelbild, dass mein Bauch an Umfang gewinnt und ich ein Doppelkinn bekommen habe – kurz: Ich ähnele auch immer mehr meinem Vater. Ein Blick in den Pass beruhigt mich ein wenig: Geburtsjahr 1988. Immerhin, das stimmt noch. Aber vieles andere nicht mehr.

Die Metamorphose begann vor einem Jahr mit dem Start ins Ref. Jeden Morgen ist es so, als würde ich eine Zaubertür durchschreiten: Auf – Lärm! Zu – Ruhe. Auf – Lärm! Ich gehe hinein und starte mit der Mini-Playback-Show. Marijke Amado hat mich in ein Heavy-Metal-Kostüm gezwängt, mich zu sechs Stunden

Headbanging verdonnert, die Lautstärke voll aufgedreht und den Reglerknopf weggeschmissen. Mit Kopfschmerzen und Fiepen auf dem Ohr gehe ich nachmittags nach Hause. Endlich Stille!

Noch vor Kurzem hätte ich über mich selbst gelacht. Früher ist es oft spät geworden, damals, als ich an der Uni den deutschen und französischen Philosophen nachspürte. In der WG, in der ich in Freiburg wohnte, haben wir die Nächte durchgemacht. Marx, Kapitalismuskritik, es gibt kein richtiges Leben im Falschen: Wir teilten mehr als eine Wohnung – uns verband eine Grundüberzeugung: Laut leben statt leisezutreten. Unsere Fünfer-WG war eine linke Institution in Freiburg – jeder in der Stadt kannte sie. Während sich die meisten Studenten am Samstag den Weg durch das mit Touristen bevölkerte Zentrum bahnten, luden wir die Welt zu uns ein. Je mehr, desto besser. Unsere Singstar-Partys waren legendär.

Wir waren keine von diesen Anzeigen-WGs, wo sich mehr oder minder freundlich gesinnte »Studis« ein Bad, die Küche und die Miete teilen und nach dem Examen auseinanderlaufen. Wir waren das Bollwerk gegen die schwäbische Kehrwoche, gegen die mit dem Besenstiel an die Decke klopfende alte Nachbarin – und die Spießigkeit, für die sie stehen. Leben in der WG – das war meine Lebenseinstellung. Ich wollte nicht in der Pärchen-Wohnung enden, dem Zwischenhalt auf dem Weg zu Reihenhaus und Tod. Die Gemeinschaft ist das Zuhause. Das Politische fängt im Privaten an. Ich wollte immer dahin, wo die Menschen sind, und habe jedem erzählt, dass ich das Modell WG durchziehe, bis ich alt bin. Zu laut? Ich hör ja noch gar nix! Ruhe? Also bitte …

Dann kam das Referendariat, die ersten Unterrichtsstunden, die ersten Zeugnisse. Ziemlich schnell hat mich der Sound des Klassenzimmers umgeblasen. Pascal, Julina und Yannik haben keinen Aus-Schalter, unplugged spielen sie nicht mal während der Stillarbeit, und die Playlist von Alina, Pia und Lara steht auf

»Repeat all«. Drei Doppelstunden Motörhead, Manowar und Metallica.

Montag, Punkt 8 Uhr: Ich öffne die Zaubertür, willkommen im Ameisenhaufen.

»Hast du gehört? Pia geht jetzt mit …«

»Party Samstag war geil …«

»Die sollen beim SC mal den Trainer rausschmeißen …«

»Salih hat jetzt Xbox. Aber der hat so was von gar keine Ahnung von Gaming, Alter …«

8.02 Uhr. Die Woche fängt an – ich bin am Ende. Ich arbeite auf einer akustischen Mülldeponie. Ein wenig Ruhe. Bitte! Schon nach wenigen Monaten bin ich froh, wenn ich zu Hause mit niemandem mehr reden muss. Abends geht außer *Tatort* und schwedischen Krimis gar nichts mehr.

Ein paar Wochen später versammle ich die WG in der Küche und teile den Anwesenden meine Entscheidung mit: Ich ziehe aus und nehme mir eine eigene Wohnung. Ganz für mich. Das erste Mal seit meiner Geburt wohne ich jetzt alleine. Mein Schreibtisch, mein Klo, mein Fernseher. Meine weiße Raufasertapete. Meine Ruhe. Keine Menschen. Nichts. So muss es sich im Körper meiner Oma anfühlen. Die hat ein Hörgerät, das man an- und ausschalten kann. Wunderbar!

Das Reh an sich ist ein liebes Tier

Birte May, Grundschule, Beverungen

Jeder hat seine Probleme. Bei mir sind es definitiv die Oberschenkel. Das dachte ich jedenfalls. Bei meiner Freundin Anna will es mit den Männern einfach nicht klappen. Meinen Vater plagt, seit ich denken kann, ein steter Schmerz am Ischiasnerv. Und meine Schwiegereltern haben kein Händchen für Autos: Welches Modell sie auch immer kaufen – sie schreiben mit dem Wagen ihre ganz persönliche Pannenstatistik. Im Fußball sagt man: Hast du Scheiße am Fuß, hast du Scheiße am Fuß.

Seit dem Beginn des Referendariats habe ich noch ein neues, ganz persönliches Angstthema: Ich habe ständig Pech mit Arbeitsblättern. Um Probleme zu vermeiden, spare ich mir das Austeilen von illustrierenden Zetteln mittlerweile, wo ich nur kann. Aber ganz ohne geht es im Unterricht halt schlecht. Vielleicht habe ich mich am Anfang zu sicher gefühlt. Die kleinen Helfer hat doch schon ein ganzes Verlagsteam geprüft. Und trotzdem greife ich immer wieder ins Klo. Was zugegebenermaßen auch an mir selber liegt. Denn ein gutes Arbeitsblatt ist das eine – es richtig zu erklären, gehört aber auch dazu.

Das war mir im Sachkundeunterricht in meiner zweiten Klasse leider durchgerutscht. Meine Stunde zum Lebensraum der Eichhörnchen war gar nicht mal schlecht. An einzelnen Stationen konnten die Schüler erkunden, wie der Nager aussieht, welche Nahrung er bevorzugt zu sich nimmt – und welche Tiere zu seinen Feinden zählen. Die Feinde sollten sich die Kinder mit einem Handout voller putziger Zeichnungen einprägen können. Und dann wollten wir gemeinsam zusammentragen, zu wem Eichhörnchen besser Abstand halten. Es begann mit einer Überraschung.

»Warum ist das Reh ein Feind?«, fragte Finn. Ahnungslosigkeit in allen Gesichtern. Keiner wusste es, alle schauten nach vorn zu mir. Leider wusste ich es auch nicht. Denn so war es auch nicht gedacht. Der Zettel zeigte nicht nur die natürlichen Feinde des Eichhörnchens, sondern auch alle möglichen anderen Wald- und Wiesenbewohner: Marder, Hirsch, Schlange, Greifvogel, Wildschwein, Reh. Der richtige Arbeitsauftrag hätte heißen müssen: »Finde die Feinde und kreise sie ein!« Den hatte ich allerdings unterschlagen, und jetzt kriegte ich einfach die Kurve nicht. Statt ehrlich zu sein und den Arbeitsauftrag schlicht abzuändern, ritt mich der Wahnsinn, und getreu der Parole »Sicheres Auftreten bei völliger Ahnungslosigkeit« hörte ich mich doch glatt betont resolut und ganz doll nickend den Schülern erzählen: »Das Reh an sich ist ein liebes Tier. Aber es kriegt einen Jagdtrieb, wenn es ein Eichhörnchen sieht.«

Mit einem lauten Räuspern meldete sich meine Mentorin aus dem hinteren Bereich der Klasse zu Wort: »Frau May, erklären Sie Finn doch bitte, wie es sich verhält.«

Gott, wie peinlich. Nicht einmal eine Horde Zweitklässler konnte ich davon überzeugen, dass ich souverän eine Stunde zu hal-

ten vermochte. »Frau May, ist doch nicht so schlimm. Wir machen ja alle mal einen Fehler«, sagte Jeremy, nachdem ich den Irrtum aufgeklärt hatte. Und weil das so entwaffnend beschämend war, nahm ich mir vor, meine Arbeitsblätter künftig noch genauer zu prüfen. Leider hat mich das nicht davor bewahrt, ein paar Tage später gleich noch einmal baden zu gehen.

Statt Reh und Eichhörnchen ging es um Bienchen und Blümchen – also um Sexualaufklärung. Das ist in der vierten Klasse nicht das sensible Thema, das es in der neunten ist, wenn du mit dem Rücken zur Tafel zu einer Horde Pubertierender sprichst. Aber wie sich herausstellte, gab es auch hier Fallen, die ich nicht vermutet hatte. Auf meinem Arbeitsblatt unterhielten sich der Comic-Junge Daniel und seine Comic-Freundin Lisa darüber, dass Daniel bald ein Brüderchen bekommt. Und dass der Papa von dem Brüderchen nicht Daniels Papa ist. Ein guter Gesprächsanlass, um das Thema Patchworkfamilie mit den Kindern zu besprechen. Trotz des eher ländlichen Umfelds an meiner Schule leben die Kinder dort keineswegs alle in einer heilen Welt. Beziehungstechnisch haben manche von denen mehr erlebt als ich. Die Eltern von meiner Schülerin Sina haben sich getrennt, als sie fünf war. Seitdem gehen die Männer bei Sinas Mutter ein und aus. Ich fand also nichts dabei, dass der Comic damit schloss, dass es auch möglich ist, Kinder zu bekommen, wenn man nicht verheiratet ist.

Als mir die kleine Annkatrin am nächsten Tag ihr Mitteilungsheft entgegenstreckte, ahnte ich nichts Böses. Ihre Mutter bat in drei nüchternen Zeilen um einen persönlichen Gesprächstermin. Ich schrieb, am Freitag nach der sechsten Stunde sei ein guter Zeitpunkt, und vergaß das Ganze vorläufig wieder. Doch der Start ins Wochenende sollte richtig gründlich misslingen. Mir stand ein Einlauf von ganz oben bevor. Ich traf Frau Deppe, Annkatrins Mutter, am Freitag nach der sechsten Stunde vor der Tür des Klassenzimmers an. Wie sich herausstellte, war sie zum einen die örtliche evangelische Pastorin des Paar-Tausend-Seelen-Städtchens, in das mich das Ref verschlagen hatte. Zudem war sie mehr als einen Kopf größer als ich. Eine hübsche, sehr selbstbewusste, moderne und aufgeschlossene Frau – nur mit den Patchworkfamilien hatte sie es wohl nicht: »Das können Sie doch den Kinder nicht beibringen! Mir ist es sehr wichtig, dass Mann und Frau sich erst finden und dann Kinder kriegen. Es kann ja wohl nicht sein, dass einfach jemand kommt und diese Werte zerstören will.«

Natürlich war sie da gleich mehreren Denkfehlern aufgesessen. Ich wollte »diese Werte« gar nicht zerstören. Und einfach mal so vorbeigekommen war ich auch nicht – an meinem Dauer-Exil war die Schulbehörde schuld. Ich wäre gern an meinem Studienort geblieben, statt nun in der Kleinstadt zu unterrichten. Aber darum ging es selbstredend nicht. Sie zeterte weiter: »Ich sage Ihnen mal was: Da, wo Sie herkommen, mag das gang und gäbe sein. Aber hier wohnen noch ordentliche Menschen.« Die Hierarchie in unserer Gesprächskonstellation war naturgegeben: Sie war hier geboren und aufgewachsen und seit Jahren die Pastorin im Ort. Ich war die Neue. Wer hatte hier also wohl zu definieren, welche Werte die richtigen sind und wie sie an Mann, Frau und Kinder zu vermitteln seien? Im Seminar hatte ich zwar gelernt, das sei ich. Aber nun … Frau Deppe faltete mich jedenfalls ordentlich zusammen.

Im ersten Moment erwog ich noch zu sagen, dass bei ihr sonntags fünf Leute in die Kirche kommen, während bei mir die Hütte jeden Tag voll sei. Ich war mir allerdings ziemlich sicher, dass das nicht so gut ankommen würde. Und so übte ich mich in einem tiefen, besonders ehrerbietigen Kotau, den wohl jeder Referendar kennt. »Ich werde in der nächsten Unterrichtsstunde noch einmal deutlich machen, dass es natürlich viel besser ist, wenn Mann und Frau verheiratet sind, wenn sie ein Kind erwarten.« Und ich fügte hinzu, dass ich das selbst auch so sähe. Wir verabschiedeten uns freundlich. Und ich schloss ab mit der Woche, ging frustriert nach Hause und musste am Abend erst mal auf drei Flaschen Wein mit den Mädels gehen.

Beim letzten Glas beschloss ich, die engagierte Suche nach frischen, zeitgemäßen Arbeitsmaterialien bis auf Weiteres einzustellen, und nahm mir stattdessen vor, künftig nur noch Päckchenaufgaben, Lesefibeln oder Baumartenaufstellungen, die Kollegen schon seit Generationen dem Praxistest unterzogen haben, zu verwenden. Das mag nicht besonders kreativ daherkommen. Aber immerhin bewahrt mich das davor, noch einmal das Reh im Jagdrevier abzugeben.

Jungs gegen Mädchen

Ansgar Liebenau, Hauptschule, Kiel

Kinder sind unsere Zukunft. Gut, sobald sie in die Pubertät kommen, sind sie die Pest. Das habe ich spätestens im Mittelstufenunterricht leidvoll erfahren. Nicht umsonst werden vor allem achte und neunte Klassen, in denen der Hormonspiegel am höchsten ist, gern an die Referendare abgeschoben. Oft gehört: »Da lernen Sie dann gleich mal das pralle Leben kennen.« Mich hat das nicht gestört. Ich fühle mich in meiner 8a ganz gut aufgehoben inmitten des ganzen Geschreis. Laut, orientierungslos, willensstark – das kenne ich von meiner sieben Monate alten Tochter Klara zu Hause nur zu gut. Und mit den Hormonen hat meine stillende Frau es auch. Ausnahmesituation ist also gerade mein zweiter Vorname: Augenringe sind mein ständiger Begleiter, Müdigkeit das Lebensgefühl. Brenzlig wurde es allerdings, als beide Altersgruppen – Säuglinge und Pubertierende – eines Tages in meinem Ref eine konzertierte, unheilige Allianz eingingen, die mir fast die Zukunft verbaut hätte. Ich muss heute noch den Kopf schütteln, wenn ich daran zurückdenke.

Ich bin eigentlich der Typ, der alles immer ganz gut hinbekommen hat. Im Studium lief alles rund, und auch das Ref hatte ich zunächst nicht als die schlimme Erfahrung verbucht, die es für viele meiner Kollegen war. Ich genoss die Privilegien des Sportlehrers: Ohm'sches Gesetz, konsonantische Konjugation, Differenzialgleichungen – um die Themenbereiche, die nicht zum natürlichen Lebensraum von Schülern gehören, darf ich als Lehrer einen Bogen machen. Und während der Unterrichtsbesuch bei Kollegen schon deswegen eine Zitterpartie ist, weil zumindest eine kritische Masse von Schülern ausgerechnet zur Lehrprobe keinen Bock hat, sind Sportstunden ja eher ein Selbstläufer.

Gut, vielleicht war es nicht die allercleverste Familienplanung, dass unsere Tochter mitten im Ref zur Welt kam. Aber andere müssen schließlich auch nachts arbeiten. Mein Kumpel Jan ist am Gymnasium und hat es mal geschafft, bis 4 Uhr vor dem Rechner zu sitzen, um eine Doppelstunde Deutsch vorzubereiten. Das war auch die Uhrzeit, um die meine kleine Tochter oft nicht schlafen wollte. Es kam nicht so selten vor, dass ich Klara um 3 Uhr nachts in den Kinderwagen packen, warm zudecken und um den Block schieben musste. Nicht so schlimm, ich war ja eh wach. Und selbst wenn sie von allein einschlief: Oft saß ich erst um 23 Uhr am Schreibtisch. Anders als alle Menschen ab zwei oder drei Jahren schlafen Säuglinge nicht gern am Stück, holen sich mit einem Schläfchen um 18 Uhr gern noch einmal Kraft für den Endspurt, und Ruhe kehrt dann frühestens nach den Tagesthemen ein. Ungerührt davon versah der Wecker natürlich trotzdem seinen Dienst und klingelte zuverlässig jeden Morgen um 6.30 Uhr. Vorbereitungsdienst ist eben Dienst. Und Dienst ist Dienst.

Immerhin hatte ich bei meinen nächtlichen Kinderwagenspaziergängen viel Zeit und Anlass darüber nachzudenken, warum das kleine Mädchen mich offenbar nicht verstand, auch wenn Papa noch so oft sagte: »Schön schlafen jetzt.« Ich weiß –

Männer sind vom Mars und Frauen von der Venus. Aber kann es denn sein, dass meine Tochter und ich jetzt schon ein geschlechtsspezifisches Kommunikationsproblem haben? Von meiner Frau kannte ich das ja schon, und von pubertierenden Schülern sowieso. Und so war eines Abends, nur drei Wochen vor der sogenannten UPP, die Idee geboren, in meinem letzten Unterrichtsbesuch das Thema Koedukation aufzugreifen. Beim Basketball ist es ja so: Die Jungs fühlen sich toll und machen das Spiel. Sie sind größer, robuster, schneller, muskulöser als die Mädchen und geben alles. Die Mädels dagegen stehen rum, fühlen sich ausgeschlossen und nölen. Die Frisur soll nicht verrutschen und die am Vorabend frisch lackierten Nägel nicht brechen.

»Der werft voll hart!«, beschwert sich Aische-Nour.

»Ey, werf bei mir«, schreit Sarah-Cheyenne.

»Stell dich einfach zu Aus-Linie. Kannst du joggen, ist auch Sport«, motzt Kemal zurück.

Mädchen gegen Jungs und umgekehrt – so sieht in der Fachsprache »nicht-koedukativer Sportunterricht« aus. Er fördert die Ausbildung von Geschlechterstereotypen und hindert die gleichberechtigte Entwicklung von Jungen und Mädchen, habe ich gelernt. Da sind wir als Lehrer natürlich dagegen.

Ich wollte also, pädagogisch wertvoll, wie sich das für einen Unterrichtsbesuch gehört, mit den Schülern gemeinsam Lösungen für dieses Problem erarbeiten. Das Konzept dafür war mal wieder des Nachts entstanden, und ich war völlig neben der Kappe. Aber wie Regelveränderungen das Basketballspiel koedukativ gestalten können, würde ich ja wohl noch erklären können. Die Jungs dürfen nicht dribbeln, müssen nach drei Schritten passen, und zwar nur zu einem Mädchen. Oder sie dürfen sich nur in der vorderen oder hinteren Zone des Spielfeldes bewegen, die Mädchen in der Mitte. Wir begannen die Stunde mit freiem Spiel in gemischten Mannschaften. Und wie in den Stunden zuvor waren die Mädels frustriert und die Jungs übereifrig. Nach fünf Minuten rief ich die Schülerinnen und Schüler zur Reflexion im Mittelkreis zusammen.

»Was ist da los? Warum spielt ihr nicht gut zusammen?«

Brav und planmäßig kamen die Antworten: »Die Jungs machen alles alleine.« Und: »Die Mädchen stehen nur dumm rum.« Und: »Die spielen gar nicht ab.«

Das hatte schon mal geklappt. Ich verscheuchte ein Gähnen und leitete über zur Problemlösung.

»Wie könnte es denn besser funktionieren?«

Für die nun folgende Vorschlagssammlung hatte ich mir genaue Antwort- und Lenkungsmöglichkeiten zurechtgelegt. A) Die Schüler machen passende Vorschläge für Regeländerungen – bestens. B) Es sagt überhaupt keiner was – ich leite die Schüler zur Lösung hin, indem ich die Regeln darlege, die im anschließenden Spiel zur Anwendung kommen sollen. C) Die Schüler machen Vorschläge, aber die falschen – ich erkläre ihnen, warum eine andere Lösung besser ist, und kehre zurück zu den Regeln (Punkt B).

Noch gestern Abend war das alles vollkommen klar gewesen. Sogar kurz vor der dritten Stunde, in der wir uns nun gerade befanden, als ich einen letzten prüfenden Blick auf meinen Unterrichtsentwurf warf, hatte ich den Dreischritt von A bis C noch drauf. Doch dann meldete sich Sarah-Cheyenne, und weil mein Körper schon seit dem Aufstehen große Dosen Adrenalin und Noradrenalin (quasi ein Bruder vom Adrenalin und auch ein prima Nervösmacher) freisetzte, die Atem- und Herzfrequenz erhöht und die Muskel dauerangespannt waren – auf Deutsch: Ich stand wegen Übernächtigung total unter Stress –, hatte mein Hirn für den Unterrichtsplan wohl gerade keine Speicherkapazität mehr. Zwischen Kinn und Haaransatz sowie rechtem und linkem Ohr hatten die Hormone einmal kräftig durchgespült. Hausmeister Stress hat den großen Besen genommen und einmal ordentlich durchgefegt. Es schien mir also nur sinnvoll und allzu logisch, Sarah-Cheyennes Vorschlag zu folgen: »Müssen wir trennen – spielen Jungs gegen Jungs, und Mädchen gegen Mädchen!« Genau, so machen wir's, prima Vorschlag. Und erst als meine Fachleiterin ihr Gesicht in den Händen vergrub, erwachte ich aus meiner Umnachtung, und mir wurde klar, was ich da angerichtet hatte – zu spät. Die Schülerinnen und Schüler schwärmten aus, verteilten sich auf zwei Felder und fingen an, sauber geschlechtergetrennt, Basketball zu spielen. Mir blieb nur, mich an den Rand zu stellen und zuzusehen, wie meine Stunde in die Grütze ritt.

»Was haben Sie sich dabei gedacht?«, fragte mich meine Fachleiterin im Anschluss. »Das ist nicht koedukativ – das ist das Gegenteil.« Und das stimmte natürlich. Ich weiß nicht, worüber ich mich mehr geärgert habe: Über meine Blödheit oder darüber, dass sie recht hatte. Oder darüber, dass ich alles abkriege, obwohl meine Kids zum ersten Mal richtig Spaß am Basketball hatten. Wie auch immer: Die Klasse sollte doch in meiner Unterrichtsstunde lernen, wie Mädchen und Jungs sehr wohl gut zusammenspielen können. Das sind fortschrittliche Themen und Erkenntnisse, die das Prüferherz erfreuen. Ich aber hatte das Gegenteil erreicht, das Ziel der Stunde verfehlt und gab das zähneknirschend offen zu. Mit der Aufforderung zum Spiel »Jungs gegen Jungs« und »Mädchen gegen Mädchen« hatte ich mich als Lehrkraft aus der Steinzeit ausgewiesen, in der Jungs sich im Lendenschurz im Lehm raufen und die Frauen am Rand stehen und hoffen, dass der erfolgreichste Testosteronbolzen sich danach für sie entscheidet.

Und ich hatte mir ein ordentliches Extrastück Arbeit für diesen Griff ins Klo eingehandelt. Ich hatte sogar noch Glück im Unglück – meine Fachleiterin nahm das Ganze gelassen und sprach ein großes Wort gelassen aus: »Da Sie ja nun schon selbst reflektieren, dass das wohl ein Satz mit X war, erklären wir diesen Unterrichtsbesuch mal ausnahmsweise für ungültig und machen einfach einen neuen.« Der allerdings musste in der nächsten Woche stattfinden, um noch rechtzeitig vor der Prüfung über die Bühne gehen zu können. Mir blieb also nichts anderes übrig, als noch am selben Abend mit der Vorbereitung zu beginnen: neues Thema entwickeln, neuen Unterrichtsentwurf aufsetzen, alles auf Anfang. Klara und ich gingen also mal wieder nachts spazieren und entwarfen einen neuen Plan – ganz koedukativ.

Und trotzdem – ich rate keinem davon ab, im Referendariat ein kleines Kind zu haben. Du bist ja eh die ganze Zeit zu Hause und hast deine Gefühle nicht unter Kontrolle. Aber wer mit Tunnelblick durch das Ref rennt, lebt doch oft nur noch zwischen Klassenzimmer und heimischem Schreibtisch. Viele beißen sich derart fest an Unterrichtsvorbereitung und lauter guten Ratschlägen der Kollegen, dass sie irgendwann nicht mehr wissen, wo unten und oben ist. Klar, mit dem Ref hast du sicher eine Menge Probleme. Aber mit einem Säugling hast du zur Abwechslung wenigstens auch noch ein paar andere. Heute denke ich sogar ganz gerne an die Geschichte zurück.

Nur mit Kondom zum Millionär!

Jana Fröhlich, eine Berufsschule irgendwo in Bayern

»Und ich hatte echt voll die emotionalen Gefühle für den!« Es ist Mittwochabend, die Mädels von *Catch the Millionaire* auf ProSieben sitzen auf einem großen weißen Hotelbett und überbieten sich auf dem Bildschirm gegenseitig darin, die größte Tusse zu sein. Das Alter von 14 haben sie längst hinter sich, und doch fallen ständig Sätze wie »Habt ihr etwa richtig geknutscht?«. Meine Freundin Jasmin, mit der ich diesen Jahrmarkt der Niveaulosigkeiten gemeinsam bei einem Glas Wein auf dem Fernsehschirm verfolge, kann es kaum fassen: Die blondierten, aufgedonnerten und eitlen Tussen verzehren sich nach den drei zu beeindruckenden Männern und irren wie der berühmte Elefant im Porzellanladen durch einen Wald von Betrug und Eifersucht. »Ich bin ja soooo eifersüchtig auf die Melanie«, quiekt Anastasiya. »Gero mag mich einfach lieber – das hat er gesagt«, stänkert Melanie zurück. Was für ein Zickenkrieg! Klar, die Sendung lebt von der Überzeichnung und von gut gecasteten Typen, würde ich denken. Das ist sicher

nicht alles echt. Doch wenn ich das Geplapper höre, fühle ich mich ziemlich oft an mein Leben, genauer gesagt: an meine Arbeit, erinnert.

Seit einem halben Jahr unterrichte ich als Referendarin an einer Berufsschule in Bayern. Hier ist jede Stunde eine Mischung aus einem Casting für *Catch the Millionaire* und Fragen an das »Dr. Sommer-Team«. Nur: Anders als vor dem Fernseher finde ich die ungeschminkte Wahrheit aus dem Mund von stark geschminkten Friseurinnen selten so witzig. Ich bin gelernte Krankenschwester und unterrichte nach meinem Studium nun die Fächer Gesundheit und Pflege sowie Sozialkunde. Ersteres steht bei allen auf dem Stundenplan, die in einem Körperpflegeberuf arbeiten wollen. Diese Klassen sind der reinste Hühnerhaufen – nur Mädchen!

Sozialkunde belegen auch Schreiner oder Kaufleute. Ihnen fällt in den gemischten Klassen die Rolle der Millionäre zu. Da wird dann geflirtet, was das Zeug hält. Aber wenn meine 16 und 17 Jahre alten Friseurinnen unter sich sind, diskutieren sie munter alles rund um Liebe, Sex und Zärtlichkeiten rauf und runter. Am liebsten mit mir. Es ist ehrlich gesagt ein wenig traurig: Ich scheine die beste Vertraute für sie in solchen Angelegenheiten zu sein. Und so erzählen sie mir zum Beispiel gern ihre Krankheitsgeschichten – schlimmstenfalls die von ganz unten. Fragen Sie das Dr. Fröhlich-Team!

»Frau Fröhlich, ne, ich hab neuen Freund, ne. Und da geht schon mal was, ne. Also, hab ich mit dem geschlafen, ne. Aber ich weiß gar nicht, ob da was passieren kann, ne?«

Oder: »Frau Fröhlich, mich zwickt es da so zwischen den Beinen.«

»Wo denn?«

»Na, an der Mumu. Was soll ich da machen?«

Aids-Prävention steht zum Beispiel auf dem Lehrplan. Das, was die Mädchen meistens wissen wollen, hat mit den Ausbildungsinhalten dagegen null Komma nichts zu tun. Aber es sind eben die Themen, die sie gerade am meisten bewegen. Manchmal habe ich die Klasse vier Stunden am Stück. Da entsteht bisweilen Leerlauf und es gibt Gelegenheiten zu fragen, in Stillarbeitsphasen, in der Fünf-Minuten-Pause, bisweilen verschämt, bisweilen ganz offen, sodass es alle hören können. »Frau Fröhlich, ich bin seit einem Monat mit meinem Freund zusammen, ne. Aber jetzt habe ich mit einem anderen rumgeknutscht. Muss ich ihm schon beichten, oder?« Und schon wieder stehe ich vor der versammelten Klasse und weiß nicht wirklich weiter. Ich habe mich darauf verlegt, es als Auszeichnung zu verstehen, dass sie mir vertrauen. Dass sie mich sozusagen als ihre Betschwester auserkoren haben. Auch René, der einzige Junge in der Friseurklasse und stockschwul, bildet da keine Ausnahme. Er wollte neulich ganz genau wissen, ob man vom Oralverkehr durch die Übertragung von HPV-Viren »Halskrebs« bekommen kann (er hatte das mit Gebärmutterhalskrebs verwechselt). Das war einer der Momente, in denen ich denke: Lieber erkläre ich den Kids, wie es ist – davon profitieren sie wenigstens –, als dass sie ihr Wissen aus irgendwelchen halbseidenen Quellen beziehen. Sie können ja leider noch nicht einmal zielgerichtet googeln.

Eine der wenigen, die nicht mit Fragen aus der Welt der Pubertät bei mir anlanden, ist Sinem. Das mag daran liegen, dass sie noch keinen Freund hat. Sinem ist ein Mädchen wie eine Tafel Ritter Sport – so hoch wie breit. »Ich brauch morgen frei. Muss mein Vater helfen Schaf schlachten. Is Bayram.« Das islamische Opferfest ist ein hoher Feiertag, das muss man verstehen. Ein Kollege im Lehrerzimmer, dem ich davon erzählte, machte eine gemeine Bemerkung: »Wie macht sie das? Setzt sie sich drauf?« Gut, als Kandidatin bei »Catch the Millionaire« geht Sinem nicht durch. Aber sie ist beileibe nicht die Einzige, die Übergewicht hat.

Es ist vertrackt. Ich soll den Mädchen alles über gesunde Ernährung und gesunde Lebensführung im Allgemeinen beibringen. Und dann sehe ich ja, was sie daraus machen: Manche ernähren sich ausschließlich von Chips und Energydrinks. Manche trinken an die 15 Dosen am Tag. Millionenschwere Gesundheitskampagnen prallen an ihnen ab wie ein Tennisball von der Außenwand unserer Schulturnhalle. Und so ist meine Rolle als Lehrerin eine andere, als ich erwartet hatte. Neulich habe ich zum Beispiel eine große Schüssel voller Kondome auf das Pult gestellt, damit sich jede ein paar mitnehmen kann. Da war eine Stimmung wie beim Schlussverkauf im Apple Store, und ratzfatz war die Schüssel leer. In diesen Momenten spüre ich die große Verantwortung, die ich für die Mädels habe. Ich bin ein wichtiger Ansprechpartner für sie. Und das wollen doch alle Lehrer sein, oder? Dass das sogar im Referendariat schon funktioniert, macht mich glücklich.

Chantal kommt heute nicht

Christiane Bauer, Grundschule, Bonn

Im Lehrerzimmer. Dienstagmorgen, 8.30 Uhr. Das Telefon klingelt. Ich hebe ab, es ist die Mutter einer Drittklässlerin.

»Ja, hallo. Die Chantal kommt heute nicht. Inne Schule, nä? Die hat einen Arzttermin. Weißte Bescheid, nä? Morgen kommt se dann wieder. Tschüs!«

Aufgelegt.

Einen Ahlenfelder, bitte!

Alexander Schweizer, Gymnasium, Gelsenkirchen

Gut Ding will Weile haben. Und meistens dauern die Dinge länger, als man denkt. Der Bau des Berliner Großflughafens BER, der Elbphilharmonie, des Bahnhofs Stuttgart 21 zum Beispiel – und auch Rom wurde bekanntlich nicht an einem Tag erbaut. Doch es geht auch andersherum: Schon so mancher Mensch ist durch übertriebene Pünktlichkeit in die Geschichtsbücher eingegangen. Der ehemalige Bundesligaschiedsrichter Wolf-Dieter Ahlenfelder zum Beispiel pfiff 1975 die erste Halbzeit des Spiels Werder Bremen gegen Hannover 96 schon nach zweiunddreißig Minuten ab. Etwas ähnlich Peinliches brachte ich in meiner ersten Latein-Lehrprobe zustande.

Bis zur 32. Minute war meine Stunde eine, möchte ich sagen, solide Partie gewesen. Das Thema »Einführung des Tempus Futur« war handfest, und ich hatte grandiose Tafelbilder von den beiden Futur-Tieren gemalt: In der a- und e-Konjugation hatte ich den Schülern mit der Regel »Bo-Bi-Bu« – auch »Futur-Vogel«

genannt – eine schöne Gedächtnisstütze an die Hand gegeben: Langvokalische Verben wie *vocāre* (rufen) oder *manēre* (bleiben) werden nach der Bo-Bi-Bu-Regel gebeugt (*vocabo* »ich werde rufen«, *vocabis* »du wirst rufen«, analog geht es weiter mit *vocabit*, *vocabimus*, *vocabitis* und der dritten Person Plural *vocabunt*). Und obwohl die Kunstlehrerin aus meiner eigenen Schulzeit mein nicht zu leugnendes Defizit im Zeichnen bezeugen könnte, hatte ich einen halbwegs erkennbaren Vogel mit spitzem Schnabel an der linken Tafelseite zustande gebracht.

Von rechts blickte ihn ein etwas dickliches Kamel an, das Schülern seit Generationen hilft, die Futur-Bildung in der konsonantischen Konjugation zu verstehen. Verben wie *mittere* werden nämlich nach der Regel »Am-e« gebeugt (*mitt-am, mitt-e-s, mitt-e-t, mittemus, mittetis, mittent*). Es lief wie am Schnürchen – vielleicht sogar ein wenig zu gut. Denn was jetzt kam, war der Ahlenfelder: Es war wohl ein Fehler gewesen, meiner eigenen Planung blind zu vertrauen und einfach das Programm abzuarbeiten. Als ich die Hausaufgabe gestellt hatte und die ersten Schüler schon auf dem Weg zur Tür waren, kam der Einwurf von meiner Ausbildungsbeauftragten: »Alexander, hören Sie mal, Sie haben doch noch über zehn Minuten!«

Ups! Ich checkte schnell die Uhr. Tatsächlich, was für ein Mist – ich hatte mich um fast ein Viertel der Stunde vertan. Ich pfiff also alle Schüler zurück, um spontan noch ein paar Verben durchzukonjugieren. Hochnotpeinlich – was würde wohl mein Seminarleiter dazu sagen?

Letztlich ging das Ganze gut aus. Mein Seminarleiter kannte das Phänomen und fragte nicht groß nach möglichen Gründen für die Verfehlung. Ich hatte ja auch keine parat, ähnlich wie Wolf-Dieter Ahlenfelder nach seinem übereilten Pausenpfiff vor fast 40 Jahren. Die Fußballwelt frotzelt gern, der Mann sei betrunken gewesen, was nicht unwahrscheinlich ist. Denn Ahlenfelder gab damals zu, zum Mittagessen vor dem Spiel ein Bier und einen Malteser getrunken zu haben. Reue zeigte er auch keine – vielmehr betonte er: »Das wird doch wohl erlaubt sein. Wir sind Männer und trinken kein Fanta.« Noch heute bekommt man in Bremen ein Bier und einen Malteser, wenn man einen »Ahlenfelder« bestellt.

Diese Steilvorlage ließen sich meine Mitseminaristen natürlich nicht entgehen. Denn ähnlich wie Ahlenfelder, dem sein Missgeschick gerade einmal zweieinhalb Monate nach seinem Bundesligadebüt widerfuhr, war ja auch ich noch neu im Spiel. Mit meinem vorzeitigen Pausenpfiff brachte ich es jedenfalls auf diese Weise zu einiger Berühmtheit. Im Latein-Seminar wurde »den Schweizer machen« zum festen Begriff dafür, mit seinem Timing nicht hinzukommen. Ein paar Monate dabei, und schon in die Geschichte eingegangen – das soll mir erst mal einer nachmachen!

Mrs Doubtfire hyperventiliert

Marian Hanske, Gymnasium, Münster

Katholische Religion, das ist das Fach, in dem sich alle lieb haben, Tee trinken, Händchen halten – Händchen falten und Gott, den Herrn, preisen. Solche Klischees nerven natürlich. Aber ich gebe zu: Es ist was Wahres dran. Und dennoch: Ich habe mich für das Fach katholische Religion entschieden, weil ich der Überzeugung bin, dass niemand durchs Leben kommt, ohne sich an einem Punkt mit spirituellen und philosophischen Fragen auseinanderzusetzen. Dabei will ich Schüler und Schülerinnen begleiten.

Wer diesen Auftrag heute ernst nimmt, stellt sich im Religionsunterricht auch unbequemen Fragen. Es ist ja zum Beispiel nicht alles wörtlich zu verstehen, was in der Bibel steht. Und so sieht auch der Lehrplan vor, mit Schülern verschiedene Deutungen der Bibelverse offen zu diskutieren und eigene Positionen zum Glauben zu formulieren. So lautet jedenfalls mein Verständnis von Religionsunterricht.

Eine meiner ersten Lehrproben fiel in die vorletzte Woche vor den Sommerferien. Ich wollte in der Jahrgangsstufe 11 verschiedene Auslegungen der Auferstehung behandeln. In der Theologie wird das Auffahren Jesu in den Himmel nach dem Tod am Kreuz ganz unterschiedlich interpretiert. Die eine Gruppe argumentiert, Jesus sei wirklich leiblich auferstanden und es sei der Glaube an dieses Wunder, der die Gläubigen vereint. Andere Theologen vertreten die Ansicht, das sei als Metapher zu verstehen. Denn naturwissenschaftlich ist es nicht möglich, dass ein toter Körper in den Himmel auffährt. Aber warum steht es dann so in der Bibel? Ich fand es spannend und vertretbar, diese Diskussion mit immerhin fast erwachsenen Oberstufenschülern zu führen. Allerdings hatte ich die Rechnung da ohne meine Fachseminarleiterin Frau Degener gemacht.

Sie kommt dem Klischee, das viele von gläubigen katholischen Frauen Mitte 50 im Kopf haben, ziemlich nahe: betulich, freundlich, die Finger milde lächelnd vor der Brust in kontrollierter Angela-Merkel-Pose zusammengelegt – so eine Art Mrs Doubtfire im überknielangen grauen Wollrock und mit einer langen Perlenkette über dem wogenden Busen. Niemals entweicht ihr ein böses oder lautes Wort. Und so ging ich bestens präpariert und ohne Angst in die Stunde.

Ich hatte schon in den ersten Seminarwochen damit begonnen, über Themen nachzudenken, die mir gut liegen und die sich, wie ich glaubte, auch leicht im Unterricht umsetzen ließen. Meine ersten Monate Unterrichtserfahrung hatten mich in meinen Auffassungen bestärkt. Und zusätzlichen Rückenwind hatten mir direkt vor der Lehrprobe zwei Mit-Refis, meine Ausbildungsbeauftragte Frau Sommer und Frau Teipel gegeben, in deren Klasse ich unterrichtete. Als ich ihnen mein Stundenkonzept zur Auferstehung vorlegte, waren alle richtiggehend aus dem Häuschen vor Begeisterung: »Das ist der beste Entwurf, den du bisher geschrieben

hast!«, riefen sie aus. »Supergut durchdacht!« Da konnte doch wohl nichts schiefgehen. Oder?

Der Termin der Lehrprobe fiel auf einen heißen Sommertag, und Gott sei Dank, obwohl die Ferien nahten, gaben sich die Schüler Mühe, mich in der Stunde nicht hängen zu lassen. Hinten im Klassenraum saßen Frau Sommer und Frau Teipel, beide aufmunternd nickend. Und Frau Degener – gütig schauend, den Kopf interessiert nach vorn gestreckt, ruhig und gelassen. Das sollte sich im Laufe der Stunde ändern.

Während die Schüler die Thesen von Ulrich Wilckens zur Auferstehung als »das größte von allen in der Bibel bezeugten Wunder« wiederholten, war alles noch in bester Ordnung. Auch die Argumentation von Gerd Lüdemann, Jesu Auferstehung habe »nicht stattgefunden«, ist Frau Degener ja bekannt und somit nicht sonderlich schockierend.

So ging meine Stunde in Phase zwei: Sicherung der Lerninhalte. In meinem Konzept hatte ich geschrieben: »Die Kernaussagen des Textes von Gerd Lüdemann werden in einem Unterrichtsgespräch formuliert und an der Tafel festgehalten. Die SuS haben nun die Möglichkeit, die Kernaussagen der beiden Theologen gegenüberzustellen.« Anschließend kam ich mit den Schülern zurück auf den Beginn der vergangenen Stunde. »Sie haben beim letzten Mal aufgeschrieben, was Auferstehung für Sie persönlich bedeutet. Bitte gleichen Sie die Thesen von Lüdemann und Wilckens doch nun einmal damit ab, was Sie selber denken. Ich möchte gern mit Ihnen darüber diskutieren, warum Sie die eine oder die andere These nachvollziehbar finden. Und ich würde gern wissen, wie Sie die Auferstehung selbst deuten.«

Die Schüler raschelten durch ihre Aufzeichnungen und ließen mich dann in einer offenen, fast herzlichen Atmosphäre an ihren Gedanken zur Auferstehung und zum Glauben teilhaben. Ich war richtig stolz. Es ist doch toll, wenn sich Schüler im Unterricht trauen, etwas so Persönliches wie ihre Sicht auf den Glauben mit ihrem Lehrer zu teilen. Unter anderem deshalb fing ich gerade an, mich für einen kurzen Moment zu entspannen, als ich aus dem Augenwinkel eine schnelle Bewegung wahrnahm. Frau Degener ging es offenbar nicht so gut. Ihr Gesicht war hochrot angelaufen und sie fächelte sich mit einer aufgeschlagenen Bibel heftig Luft zu. Ihr Atem ging schwer, als würde ihr etwas die Luft abschnüren. Ich wollte gerade meine Hilfe anbieten, als mir klar wurde: An der Hitze liegt es nicht.

Frau Degener kochte vor Wut. Sie schnaufte laut. Innerlich schäumte sie, äußerlich war sie kurz vor dem Hyperventilieren. Ich erwartete jeden Moment, dass sich ein Monster ihrer Körperhülle entledigen und auf mich zustürmen würde – und wurde total nervös. Was hatte ich mir zuschulden kommen lassen? Alle hatten doch vorher meinen Entwurf gelobt. Ich hatte den Schülern Texte aus einem Lehrbuch für katholische Religion an die Hand gegeben – das war doch nun wirklich wasserdicht. Denn wenn auch oft bestritten wird, dass man aus der Uni im Lehramtsstudium wenig Sinnvolles für das Dasein als Lehrer mitnimmt: Die unterschiedlichen Deutungsmöglichkeiten der Auferstehung sind kanonisiert und weithin wissenschaftlich durchdiskutiert. Die Schüler hatten gut mitgearbeitet und gingen klaglos mit mir zur Diskussion über. Wo war also das Problem?

Frau Degeners Reaktion hatte mich an den Rand der Panik gebracht. Ich war also froh, als die Stunde zu Ende war. Während ich meine Siebensachen einpackte und mir im Kopf ein Statement für die Stundenreflexion zurechtlegte, verschwand die Jury im von mir reservierten Besprechungszimmer. Als ich den Raum wenig später betrat, hatte das Trio allerdings nicht dort gesessen, um in Ruhe meine Stunde zu bewerten. Frau Degener war immer noch so erhitzt, dass sie die Kolleginnen in einer Odyssee durch die Schule gehetzt hatte. Wie ich später von Frau Sommer erfuhr, fing es damit an, dass Frau Degener im Besprechungsraum Klaustrophobie bekam. Sie hatte den Raum kaum betreten, da sagte sie zu Frau Teipel: »Entschuldigen Sie, aber ich kann jetzt beim besten Willen nicht wieder in so einem stickigen Klassenraum sitzen. Mir ist schon ganz eng ums Herz!«

»Gut, gehen wir doch auf den Hof an die frische Luft«, hatte Frau Teipel vorgeschlagen. Dort war es Frau Degener allerdings zu laut gewesen, und als endlich alle wieder im Besprechungsraum gelandet waren, kam ich herein – mit einem mulmigen Gefühl im Magen, aber noch nicht wissend, dass ich kurz davor war, ein Bienennest anzustechen.

Im Raum herrschte betretenes Schweigen. Frau Sommer war schon ganz grün um die Nase herum. Ich begann mit meinem Reflexionsstatement: Ich ging auf Lernzeit, Lernprogression und Methodenvielfalt ein und fasste kurz zusammen, ich sei ganz zufrieden mit dem Verlauf der Stunde und den Ergebnissen, die sie gebracht hatte. »Nur die Diskussion am Ende hätte ein wenig länger ausfallen können – dafür reichte dann leider die Zeit nicht mehr ganz.«

Meine drei Gegenüber sagten – nichts. Frau Degener hatte den (immer noch hochroten) Kopf gesenkt und schrieb hektisch, mit zackigen Bewegungen in ihrem Notizbuch.

Mir stand ebenfalls der Schweiß auf der Stirn. Weil niemand das Wort ergriff, bemühte ich mich, die beschämende Stille mit ein wenig Small Talk zu überbrücken: »Hier ist es ja immerhin ganz angenehm, ein wenig kühler. Gut, dass ich vor der Stunde die Jalousien heruntergelassen habe.« Immer noch sagte niemand etwas und ich entschied mich, von nun an besser auch zu schweigen. Ich blickte zur Uhr. Geschlagene viereinhalb Minuten waren vergangen, als Frau Degener den Stift zur Seite legte.

Ab jetzt konnte von Stille keine Rede mehr sein. Sie legte ihr Notizbuch aufgeschlagen vor sich auf den Tisch, stand auf,

knetete die Hände (statt wie gewöhnlich sittsam die Finger in Pose zu setzen), die Mundwinkel fielen nach unten. Und dann hielt sie mir eine Gardinenpredigt, die sich gewaschen hatte. In meinem Unterrichtskonzept hatte gestanden, dass es im Religionsunterricht legitim sei, die eigene Position zum Glauben darzulegen und offen zu diskutieren. Das hatte Frau Degener, Jahrgangsstufe 11 hin oder her, aber mal so was von nicht gepasst, wie jetzt klar wurde: »Herr Hanske, Ihnen ist das vielleicht nicht bekannt. Aber die katholische Kirche hat klare Dogmen dazu, wie die Dinge aufzufassen sind.« Sie sagte wirklich »wie *die Dinge* aufzufassen sind«, als gäbe es da keinen Millimeter Verhandlungsspielraum. Ihr Gesichtsausdruck wurde immer verbissener, auf ihren Lippen glänzte die Spucke, die feuchte Begleitung ihrer Tirade. »Da gibt es keine zwei Meinungen. Wo kämen wir denn da hin, wenn jeder glaubt, was er will – und den Schülern vermittelt, was er an Wald- und Wiesenspiritualität irgendwo aufgeschnappt hat? In dieser Ihrer Stunde hat es eindeutig an Führung gemangelt!«

Frau Sommer und Frau Teipel zogen die Köpfe ein. Es herrschte eine Stimmung wie im Landschulheim oder wie in einem Kloster aus längst vergangenen Zeiten, in dem alte Oberschwestern mit langen Linealen herumlaufen und für Fleiß und Keuschheit sorgen. Dabei dachte ich, diese Spezies sei ausgestorben.

Als Nächstes hängte sich Frau Degener an Kleinigkeiten auf. In meinem Unterrichtsentwurf hatte ich als Synonym für »Stunde« neben »Unterrichtseinheit« auch das Wort »Sitzung« verwendet. »Und was soll das überhaupt heißen, die ›Sitzung‹? Wir sind doch hier nicht beim Karneval!«

Den Atem raubte mir dann aber der letzte Satz, der sich wieder darauf bezog, wie »die Dinge aufzufassen« seien: »Und wer das nicht vermittelt – da kann dann auch schon mal das Wort ›Exkommunikation‹ fallen!«

Ich fühlte mich besprochen wie das Mädchen Regan in *Der Exorzist* und erhielt zum Abschluss eine Vier Plus von ihr hingeknallt. Das war wenig liebevoll und auch ganz und gar nicht christlich gemeint. Ich nahm von dem Tag mit, dass es in den Augen von Frau Degener offenbar also die Kirche ist, die entscheidet, was wir zu glauben haben. Das erschütterte mein Weltbild.

Und Frau Degener ging es ganz offenkundig ganz und gar nicht um die Hitze, als sie sich im Unterricht so ereiferte. Sie sah in mir vielmehr etwas, das dem Teufel das Weihwasser und Dracula der Knoblauch ist. Es war, kurz gesagt, grauenhaft. Immerhin, Frau Degener war fertig, nahm ihre Tasche und ging. Ich stand neben dem Besprechungstisch, klein mit Hut, und hätte gern das eine oder andere aufbauende Wort von Frau Sommer und Frau Teipel gehört. Doch ich hatte keine Zeit. Denn es war bereits halb vier, und um 16 Uhr hatte ich Seminar. Bei Frau Degener, die mir im Gehen noch zurief: »Wir sehen uns dann ja gleich um vier, nicht wahr, Herr Hanske!«

Ob ich Lust hatte oder nicht – da konnte ich ja nun ganz schlecht nicht hingehen. Wie hätte das ausgesehen, jetzt zu fehlen? Und im Seminar war Frau Degener-Doubtfire übrigens auch wieder ganz die Alte – milde, betulich, friedlich. Ich nahm meinen ganzen Mut zusammen: Wenn sie doch jetzt wieder so zugänglich ist, spreche ich sie noch einmal auf die Sache an. War ich denn wirklich so ketzerisch oder wahnsinnig, wie Frau Degener das aufgefasst hatte? Ich bin katholisch, deshalb fühle ich mich ja schon von Geburt an schuldig. Nun hoffte ich auf Abbitte. Ich wollte ihr noch einmal meine Position darlegen, damit ich abends reinen Gewissens in den Spiegel gucken konnte.

»Frau Degener, ich würde gern mit Ihnen noch einmal über meine Unterrichtsstunde heute reden. Ich wollte den Schülern vermitteln, dass der Glaube von innen kommt und nicht von außen gesteuert werden kann. Dafür gibt es in der Geistesgeschichte doch viele Beispiele. Was hat Ihnen daran nicht zugesagt?«

Frau Degener stand vor mir, in ihrer üblichen Pose, die Hände vor der Brust gefaltet. Und dann sagte sie ganz leise, aber kühl: »Ach, Herr Hanske, wenn Sie sich derart uneinsichtig zeigen, dann sind sie mit der Vier plus wohl noch viel zu gut weggekommen.«

Dem die Sonne aus dem Hintern scheint

Fabian Wegener, Realschule, Hamm

Eine Katze fällt immer auf ihre Füße. Der Teufel scheißt immer auf den größten Haufen. Dem scheint die Sonne aus dem Hintern. Es gibt Leute, die winden sich aus jeder Schwierigkeit heraus, haben unverschämtes Glück und wurschteln sich mit dieser Taktik des Alles-einfach-geschehen-Lassens am Ende auch noch auf den ersten Platz. Für uns brave Fleißige bleiben Silber, Bronze und Plastik. Womöglich gibt es im Volksmund so viele verschiedene Bezeichnungen für solche Ereignisse, weil es so maßlos ungerecht ist, dass die Easy-going-Typen nie für ihre Faulheit und Lässigkeit abgestraft werden. Auch in meinem Sport-Seminar gab es so einen.

André konnte Kitesurfen wie ein Weltmeister. Er war sehr sportlich, ein drahtiger Typ, maß 1,90 Meter, hatte schulterlanges dunkles Haar und trug einen smarten Dreitagebart – der gut aussehende Surfer-Typ halt. In Sachen Unterrichtsplanung war er dagegen eine ziemliche Niete. Schon etliche Male hatten wir ihm im Seminar den Arsch gerettet, wie man so sagt. Wir waren eine gute Truppe. Es kam nicht infrage, jemanden einfach so fallen und in sein Unglück rennen zu lassen. Wenn bei ihm ein Unterrichtsbesuch anstand, machte das Seminar halt Überstunden, um ihn mit durchzuschleifen. Wir waren einfach zu gut für diese Welt, lasen seinen Entwurf, machten Verbesserungsvorschläge und bewahrten ihn vor den komplett dämlichen Themen, die er sich ausgedacht hatte. Einmal wollte er zum Beispiel mit Achtklässlern über »Borussia Dortmund im Wandel der Zeit« sprechen, nur weil er zufällig selbst BVB-Fan war.

Als es auf das Examen zuging, war diese ganze Hilfe allmählich nicht mehr leistbar. »Jetzt musst du das langsam mal selber hinkriegen«, sagte ich zu André – wir steckten ja selbst bis zum Hals in Arbeit. Unsere Seminarleiterin Frau Keding wollte allmählich wissen, was wir für die UPP planten. Das sollte gut überlegt und wohlstrukturiert sein – es ging ums Ganze, die Abschlussnote, die Zukunft.

Maßgeblich für eine adäquate Stundengestaltung sind im Sportunterricht in Nordrhein-Westfalen die zentralen Anforderungen aus den Kernlehrplänen, die sogenannten pädagogischen Perspektiven, wie sie mein Mentor noch nennt, und die wir heute »Inhaltsfelder« nennen sollen. Hinter diesem Begriff verbergen sich Leitlinien, an denen sich das Lernziel ausrichten muss: das Wahrnehmungsgefühl oder die Gesundheit zu fördern, »Wettkampf und Kooperation« oder Verantwortung zu lernen. Jeder hatte diese Richtschnüre bis zum Examen verinnerlicht. Würde er nachts geweckt, könnte er sie rhythmisch rezitieren, vorsingen, auf dem Kamm blasen oder ihren Inhalt tänzerisch inszenieren. Nicht so André. Er hatte es, mit welcher Art von selektiver Wahrnehmung auch immer, geschafft, sich erfolgreich an ihnen vorbeizumogeln.

Er plane eine Stunde zum Thema Sportfotografie, sagte er zu Frau Keding. Das gab es schlichtweg nicht – wo war da die pädagogische Perspektive? Den Katalog dieser Moses-Tafeln, dieser Gesetze von ganz oben hätte er ja mal nachschlagen können. Er hatte es nicht. Frau Keding fiel die Kinnlade herunter. Eine solche Stunde in der UPP abzuliefern, wäre ein glatter Reinfall gewesen – quasi die Garantie durchzufallen. Während ich mich eher an die Maxime hielt: Schüler brauchen in erster Linie »Malen nach Zahlen«, plante André seinen Unterricht nach der Maßgabe: »Wir machen das, was ich selbst spannend finde – dann wird das schon.« Man könnte auch sagen: Er war unfähig, Schüler in Unterrichtsinhalten anzuleiten. Wir nahmen André nach dem Seminar beiseite – so ging das nicht. Es schien, als hätte er verstanden.

In der nächsten Woche sagte er, er habe umgeplant. Was er dann darlegte, war so absurd, dass ich mir jedes Detail gut gemerkt habe: Schüler lieben Fußball, Basketball, vielleicht noch ein bisschen Volleyball, Badminton, in der Unterstufe Völkerball oder Brennball. Und gerade in Prüfungssituationen bietet es sich schließlich an, auf Bewährtes, Bekanntes, Beherrschbares zurückzugreifen.

André hingegen wollte mit der zehnten Klasse den Hochschuss im Rugby üben. Wirklich jetzt! Den Hochschuss im Rugby! Das war in etwa so, als würde man im Deutschunterricht die Literatur der deutschen Minderheit in Chile zum Thema machen. Noch schlimmer wurde es dadurch, dass sich André eine ganz besondere Übung ausgedacht hatte: Die Schüler sollten sich im Viereck aufstellen, gleichzeitig den Hochschuss ausführen und dann sternförmig zur Mitte des Vierecks hin aufeinander zulaufen. Auf den Eckpunkten des Vierecks wartete dann der Nächste auf den herabfallenden Ball, die Läufer aus der Mitte stellten sich wieder hinten an. Der reinen Lehre nach hatte dieses Vorhaben mehrere Schwachpunkte: Ein Lerneffekt in Sachen Bewegungslehre war in der Übung nicht zu erkennen. Und vor allem war die Konstellation höchst verletzungsträchtig.

Frau Keding wusste genau: Wenn André in der UPP mit seinem Rugby-Hochschuss aufläuft, fällt er durch. Peinlich berührt verließen wir alle, inklusive Frau Keding, den Seminarraum. »Fabian, Lars, könnt ihr noch einen Moment bleiben? Ich möchte noch kurz mit euch sprechen«, hatte sie zu mir und meinem Tischnachbarn gegen Ende der Stunde gesagt. Wir blieben. Und Frau Keding bat uns inständig, auf dem kleinen Dienstweg sozusagen, André zu einer Überarbeitung anzuhalten. Sie selbst hatte dazu keine Befugnis und durfte sich nicht einmischen.

Das Ende vom Lied: Wir hatten selbst eine Menge um die Ohren. Aber im Seminar hält man zusammen, so war das zumindest bei uns. Also nahmen wir uns der Sache an. Und was war das Resultat? Als Erster von uns allen hatte André eine feste A13-Stelle, Zusage direkt zum nächsten Schuljahr. Wir anderen saßen zwar nicht auf der Straße, bekamen aber, wie so viele, erst mal nur Vertretungsstellen angeboten. Was haben wir uns in den Hintern gebissen! Seitdem denke ich mit leisem Groll an die Katze und ihre Füße zurück. Weich fallen ist schön und gut, aber ich will nicht das Kissen sein!

Napoleon Bonaparte

Katharina Wenzel, Gymnasium, Bayreuth

Außerhalb von Nordkorea und einigen anderen fernen Ländern ist Diktatur heute nicht mehr salonfähig. In meinem Studium für die Fächer Geschichte und Deutsch und im Kernseminar habe ich gelernt, dass die sanfte, motivierende Führung zum Erfolg führt. Aber die Wirklichkeit sieht anders aus – und der Kampf um gute Noten schult die Leidensfähigkeit. Jeder Seminarleiter findet etwas anderes wichtig und urteilt ganz nach seinem Gusto. Wenn es schlecht läuft, fühlst du dich ausgeliefert. Anders gesagt: Was dem Kranken die Halbgötter in Weiß, sind dem Seminaristen die Seminarleiter.

Es ist ein Ding der Unmöglichkeit, es ihnen recht zu machen, auch wenn es gar nicht so schwer ist herauszufinden, was deinem Seminarleiter wichtig ist. Schließlich sind Seminarleiter auch nur Menschen, mit Macken, Ecken und Kanten. Als ich das jetzt, gegen Ende meiner Ausbildungszeit, endlich verstanden hatte, hat es mir fast schon wieder Trost gegeben. Man kann sie sogar in Schubladen packen. Denn die Muster wiederholen sich, haben wir im Seminar festgestellt. Jeder hat in seinem Fach den einen oder anderen mit Sicherheit getroffen:

1. Der pedantische Typ (»Ordnung ist das ganze Leben.«)
2. Der ganzheitliche Typ (»Alles wirkt auf die Schüler.«)
3. Der zerstreute Professor (»Haben Sie meine Brille gesehen? Eben hatte ich sie doch noch …«)
4. Der Progressive (ein Technik-Freak; seine oberste Maxime: »Keine Stunde ohne Beamer.«)
5. Der Egozentriker (hört sich lieber selbst reden, als dass er anderen zuhört; betrachtet das Seminar als eine Art Gesprächstherapie)
6. Der Kumpel-Typ (»Wollt Ihr nicht mal wieder zu mir zum Grillen kommen?«)
7. Der Entertainer-Typ (das Seminar ist seine Bühne; hält sich für eine glückliche Kreuzung aus Thomas Gottschalk und Harald Juhnke)
8. Der Despot (»Ich bin das Gesetz.«)

Sehr verbreitet ist der pedantische Typ, der gespitzte Bleistifte, Klemmbretter und Zeigestäbe für unabdingbar hält, genaue Strichlisten über Schülerbeteiligungen führt und sich lange mit der Frage aufhalten kann, ob die Lehrkraft den Schülern die erreichte Punktezahl bei einer Extemporale eher in einen Kreis oder in ein Viereck notiert – wobei er ganz sicher immer die Variante bevorzugt, die der Lehrer in spe *nicht* vorgeschlagen hat. Für spezielle Eindrücke sorgt auch der ganzheitliche Typ, der alles wichtig findet. Denn alles wirkt ja auf die Schüler. Da kann es durchaus vorkommen, dass er zu bedenken gibt: »Katharina, es fällt schon sehr auf, dass Sie fast ausschließlich Schwarz tragen. Das wirkt kühl und distanziert und hemmt den Vertrauensaufbau mit den Schülern.« Oder: »Frank, Fleecejacken untergraben Ihre Autorität – ein Sakko wäre angebracht.« Und: »Turnschuhe gehören in den Sportunterricht, Cornelius, nicht in den Klassenraum.«

Aber am stärksten in Erinnerung bleiben wird mir mein Seminarleiter im Fach Geschichte. Ein Despot vor dem Herrn. Carl Dietz war klein und schmächtig, hatte dunkle Haare und eine spitze Nase – und auf einem alten Foto in einem Jahresbericht der Schule war die Ähnlichkeit nicht zu verkennen: Wir nannten ihn Napoleon. Er duldete keine andere Meinung neben seiner eigenen und kam gleichzeitig ziemlich exzentrisch daher. Sein Mantra, das er nicht müde wurde zu zitieren: »Ober sticht Unter.« Das ist bayerische Mundart für »Ihr habt hier nix zu sagen.« Er war ein konservativer Grantler mit eingestaubten Ansichten, der von sich selbst und seinen Sprüchen komplett überzeugt war. Nach jeder markigen Äußerung blickte er erwartungsvoll in die Runde. Da tat man besser daran, eine Reaktion zu zeigen, sonst hatte er einen sofort auf dem Kieker. Um seine Gunst zu gewinnen, brachten wir ihm sogar immer wieder Schokolade mit – wir wussten, dass ihm das gefiel. Und hofften, ihn damit zu besänftigen.

Denn in der Regel sah Herr Dietz in allen Dingen nur das Negative. Auch wegen ihm werde ich die Zeit des Ref als große Belastung im Gedächtnis behalten. Seine Unterrichtsbesuche waren die Hölle. Er suchte ständig nach Fehlern. Und weil ich ständig auf seine Reaktionen achtete, fiel es mir schwer, mich auf meinen Unterricht zu konzentrieren – was freilich eine nicht ganz unwichtige Voraussetzung für eine erfolgreiche Stunde gewesen wäre. Wenn Herr Dietz dann hinten mit dem Kopf schüttelte, schrillten bei mir vorn die Alarmglocken. Aufgrund seiner ausladenden Bewegungen konnte man selbst von Weitem sehen, wie er Minuszeichen und Blitze auf seinem karierten Block vermerkte – seine Markierungen für Fehlleistungen.

Regelmäßig flossen in den Nachbesprechungen der Unterrichtsbesuche Tränen – einmal auch bei mir. Er hatte sich die letzte Stunde vor einer meiner Lehrproben angesehen. Sein vernichtendes Fazit: »Das war a obsolute Katastrophe.« Es sei schlichtweg alles falsch gewesen. Ich brach in Tränen aus. Dabei war sein Urteil ja sogar noch an der Sache orientiert. Andere bekamen von ihm zu hören: »Sie hobn koa Autoaität.« Oder: »Suchn Sie si oan Beruf, da nichts mit Menschn zua tun hod.« Er war womöglich der Ansicht, dass uns die verbale Guillotine weiterbringe und zu guten Lehrern reifen ließe. Wer weiß. Am Ende kam ich, was die Note angeht, mit einem blauen Auge davon, aber dann zog er noch das Resümee der zurückliegenden Tage: »Sie braan das, erst wenn Sie untn han, könna sie wieda nach obn komma.« (»Sie brauchen das. Erst wenn Sie unten sind, können Sie wieder nach oben kommen.«)

Ich hatte mit den Schülern im Grundkurs Geschichte in der Jahrgangsstufe 12 das Thema »Entnazifizierung nach dem Zweiten Weltkrieg« behandelt. Es ging darum, wie die USA und die UdSSR das demokratische Gedankengut in Deutschland verankern wollten. Und ich hatte aus der Uni die Erkenntnis mitgebracht, voller Motivation, dass es sich lohnt, den Lehrplan offen zu gestalten und einen modernen Unterricht zu machen. Also thematischer Einstieg über aktivierende Medien: Ich hatte den Schülern Plakate gezeigt, mit denen die Amerikaner in der Besatzungszone für den Weg der Demokratie warben. Und Arbeitsaufträge für kreatives Durchdringen der Inhalte: nicht etwa »Beschreiben Sie die Ideologie der Nationalsozialisten«, sondern »Schreiben Sie einen ideologisch gefärbten Zeitungsbericht oder Leserbrief«, um etwas über die NS-Zeit zu lernen.

All das fand Herr Dietz »a Schmarrn«: »Es bringt den Schülan aa nix, wenns nix mehr aaswändig könna, dann könna mia ihna ois Lehra ja glei Wikipedia zeign und nach Haus gehn.« In Wirklichkeit spiegelten diese altbackenen Auffassungen wider, wie sehr er in seiner eigenen Lehrzeit stehen geblieben war. Auch Herr Dietz nahm den Einsatz von Medien sehr wichtig. Er wusste zum Beispiel sehr wohl mit dem Overheadprojektor umzugehen.

Und es war durchaus möglich, mit ihm über E-Mails zu kommunizieren. Vorausgesetzt, man machte ihn in der nächsten Seminarsitzung darauf aufmerksam, ihm eine geschickt zu haben. »Ah, da mua i meine Frau frogn.« Als seine Privatsekretärin war es eine ihrer Aufgaben, ihm E-Mails auszudrucken und vorzulegen. Carl Dietz selbst hielt nicht hinter dem Berg damit, dass er, der nicht mit dem Computer umgehen konnte, ihr seine Antwort diktierte und sie die Zeilen dann an uns versandte.

Darüber konnten wir dann auch schon wieder lachen.

Spiritus rector Rektor

Sinja Hartmann, Lippstadt, Grund- und Mittelstufe

Als ich 16 war, wollte ich mit meinen Freundinnen in den Urlaub an die französische Atlantikküste. Meine Eltern gaben mir etwas dazu, aber den Großteil des Geldes musste ich mir selbst verdienen. Und so schuftete ich in den Ferien in der Schraubenfabrik unserer Kleinstadt, um das Geld zusammenzubekommen. Paletten holen, Folie aufreißen und immer wieder: Werkhalle fegen. »Mädchen, das ist hier gleich so sauber, dass ich mich nicht mehr traue, auf den Boden zu aschen, ist das klar?«, pflegte der Vorarbeiter zu sagen. »Und mach ein bisschen flott!« Da gab es keine Diskussion. Diese Episode war zum Glück nach drei Wochen vorbei. Nie wieder – hoffte ich. Doch ich begegnete dem Mann quasi noch einmal – im Referendariat. Er tauchte als Frau erneut in meinem Leben auf, hieß Erika Sander und war die Rektorin an meiner Ausbildungsschule.

Wenn sich die Tür von Frau Sanders Kämmerchen im Erdgeschoss, schräg gegenüber vom Lehrerzimmer, öffnete, zo-

gen die Umstehenden die Köpfe ein. Denn wehe dem, der in ihr Fadenkreuz geriet. Wie der Terminator in blond scannte sie die Umgebung durch ihre dünnrandige Brille auf Ungereimtheiten. Entdeckte sie auf dem Boden ein Kaugummipapier, wies sie den Nächstbesten knapp an, es aufzuheben und zu entsorgen. Im Lehrerzimmer hatte strikte Ordnung zu herrschen, weshalb viele es gar nicht erst aufsuchten. Viele Kollegen blieben in den Pausen lieber im Klassenzimmer, als Gefahr zu laufen, Frau Sander zu treffen, die womöglich gerade einen Vertretungsplan aufhängte oder einen Kontrollgang unternahm. Oder sie meldeten sich freiwillig zur Pausenaufsicht, selbst im Winter. Sogar ihre eigene Tochter war vor ihr bis ans andere Ende der Welt geflohen – sie machte ihr Abi in Australien. Darüber hinaus war nichts Privates über Frau Sander bekannt. Alle hatten so viel Angst vor ihr und ihrer aufbrausenden Art – sie hatte noch nicht einmal einen Spitznamen.

Mein Start in diese Welt war besser verlaufen als befürchtet. Ostwestfalen – das ist so etwas wie der Blinddarm von Nordrhein-Westfalen – stand auf meiner Wunschliste der Einsatzorte ziemlich weit unten. Und doch fand ich mich eines Sommertages mit meinem Koffer auf dem Bahnhof von Lippstadt wieder. Ich wollte hier nicht hin. Aber »muss ja«, wie die Leute hier in der Gegend sagen. Nach wenigen Wochen hatte ich mich ganz gut eingelebt. Über mein Verhältnis zu Frau Sander hatte ich bis dahin nie nachgedacht. Ich glaube, sie hatte aus unseren wenigen Begegnungen im Lehrerzimmer einen halbwegs guten Eindruck von mir. Ich verhielt mich meinerseits wie kleine Kinder, die sich hinter ihren Händen verstecken: Wenn ich jemanden nicht sehe, sieht er mich auch nicht. Doch dieses Gefühl der Sicherheit sollte bald der Vergangenheit angehören.

Über meinen Ausbildungsbeauftragten ließ mir Frau Sander mitteilen, ich solle mich »ordentlich anziehen«. Ganz konkret hatte sie sich daran gestört, dass ich an einem heißen Tag offene Schuhe getragen hatte. Ich war verwundert, ließ mich aber nicht verunsichern. Der zweite Schlag erfolgte in der Adventszeit: Beim Blockflötenkonzert der Drittklässler hatte ich hinter der 4c gestanden, in der ich Sachkundeunterricht gab, und mich leicht an die Wand angelehnt. Es waren noch nicht einmal Eltern anwesend. Trotzdem hatte ich bei Frau Sander offenbar den Eindruck erweckt, mich hängen zu lassen – und das störte sie aus Prinzip. Sie kam im Lehrerzimmer auf mich zu und hielt mir – vor versammelter Mannschaft – eine Standpauke darüber, was sich gehört und was nicht, und dass sie in ihrer Schule mehr Motivation und Haltung verlange.

Ihr Führungsstil war das Durchregieren. Bestimmen statt mitbestimmen. Moses führte einst die versklavten Stämme Israels aus Ägypten und predigte ihnen immer wieder, welche schweren Aufgaben vor ihnen lagen. So schweißte er sie zu einem Volk zusammen. Genau so machte Frau Sander es nicht. Sie forderte das Erledigen schwerer Aufgaben, teilte große Weichenstellungen aber erst dann mit, wenn es bereits knapp wurde und alle »richtig flott« machen mussten. Wäre sie ein Unternehmer, wäre sie der Schrecken jeder Gewerkschaft. Einen Betriebsrat würde es schon gar nicht geben.

Die Drohung, bei weiterem Fehlverhalten werde ein Besuch im Rektorat fällig – an dieser Schule funktionierte sie noch. Sie löste unter Lehrern sogar mehr Angst aus als unter den Schülern. Auch gestandene Pädagogen traten den Weg in ihr Büro mit Heulen und Zähneklappern an. Hätte sie eines Morgens mit einer Peitsche unter dem Arm das Gebäude betreten, es hätte niemanden gewundert. Und wenn sie mal wieder auf einer Fortbildung war (was zum Glück regelmäßig vorkam), herrschte im Lehrerzimmer eine Erleichterung, als sei dem Kollegium kollektiv das Ausatmen gestattet worden.

Der Repräsentation hatte sich bei Frau Sander alles unterzuordnen. Sie selbst war immer top angezogen, erschien nie ohne Hosenanzug. Sie trug ihr Business-Outfit nicht nur aus Gewohnheit – es sollte auch seine Wirkung entfalten. Der an Schulen übliche, eher legere Look war ihr ein Dorn im Auge. Sie wollte, dass sich ihre Schule in jeder Hinsicht von den anderen abhob, und plante das strategisch. Vom Kollegium forderte sie 150-prozentigen Einsatz. Und man musste sich darauf einstellen, dass schon morgen alles anders sein konnte. Ich bin da als Ref in eine Zeit voller Umbrüche hineingeraten.

So teilte Frau Sander dem verdutzten Kollegium kurz vor den Sommerferien mit, zum neuen Schuljahr den jahrgangsübergreifenden Unterricht einzuführen. Das war für alle ein Nackenschlag: umgehend waren neue Klassenzusammenstellungen, Raumpläne, Stundenkonzepte und Unterrichtsformen zu entwerfen. Und das Kollegium büßte dadurch einen großen Teil seiner Ferien ein. Ähnlich tatsachenvollendet verkündete sie ein anderes Mal die Umstellung des Lehrbetriebs von der offenen auf die gebundene Ganztagsschule. Das bedeutete tägliche Anwesenheitspflicht bis mindestens 16 Uhr. »Ich habe ein kleines Kind zu Hause – wie soll ich das machen?«, fragte Frau Göricke. Die knappe Antwort: »Kümmern Sie sich drum!« In solchen Situationen sprach Frau Sander sehr schnell, ohne Pausen. Statt mit ihren Lehrern zu reden, machte sie Ansagen: »Bab-bab bab-bab …« – ein Fluss von kurzen, abgehackten Botschaften, schnippisch vorgetragen, der immer stärker anschwoll, um dann abrupt abzureißen.

Auch mir galt der Kommandoton nicht nur einmal. So teilte mir Frau Sander mit, sie fände es nicht gut, dass ich so wenig an der Schule präsent sei. Ich weiß nicht, woher sie diese Einschätzung nahm. Ich habe meinen Unterricht gegeben, mich am Nachmittag in der Ganztags- und Hausaufgabenbetreuung eingebracht, so wie alle. Jeden Tag war ich bis 15, 16 Uhr an der Schule.

Ähnlich frustrierend war meine Abschlussbewertung, die Frau Sander auf der Basis eines einzigen Unterrichtsbesuchs abgab. Meine Mentorin hatte einen Entwurf erstellt, den sie, ich sage mal, kritisch überarbeitete. Und während ich laut der ersten Fassung eine erfolgreiche Junglehrerin war, war ich laut der zweiten nicht nur fachlich inkompetent (»Unterricht nicht zielführend geplant«, »nicht immer angemessen umgesetzt«) – ich hatte auch keinen Draht zu den Kindern.

Diese schreiben mir zum Abschied, als ich die Klasse – passenderweise an Frau Sander – abgab, eine Karte. Darauf standen Sätze wie »Liebe Frau Hartmann, wir werden Sie vermissen!« und »Wir haben Angst vor Frau Sander« und »Wir wollen nicht zu Frau Sander«. Davor konnte ich sie nicht bewahren. So viel Ostwestfale bin ich einfach nicht. Dieser Menschenschlag kann mit seinem Mantra »Muss ja!« einiges ertragen. Ich dagegen wollte nach reiflicher Überlegung einfach nicht mehr müssen. Ich bat Frau Sander um ein Gespräch. Ich wollte den Schuldienst quittieren. »Das haben Sie sich sicher reiflich überlegt«, teilte sie mir kurz angebunden mit. Nach vier Minuten war das Gespräch in ihrem Zimmer beendet. Aber ehrlich gesagt muss ich Frau Sander heute auch dankbar sein.

Sie hat mich mit ihrer bestimmenden Art ins Grübeln gebracht und mich auf diese Weise wahrscheinlich davor bewahrt, mich einige Jahre durch eine Arbeit zu quälen, die ich gar nicht machen möchte. Versteht mich nicht falsch – es ist nicht so, dass ich nichts abkann. Seit einigen Wochen unterrichte ich verhaltensauffällige Kinder. Nur mit manchem Erwachsenen tue ich mich schwer.

Meine erste Klassenfahrt

Anna Hoff, Hauptschule, Köln

Vor uns liegen elf Stunden Busfahrt in die Bretagne – meine erste Klassenfahrt auf der anderen Seite. Ich setze mich auf einen der Plätze rechts vom Fahrersitz. Dort, wo das Mikrofon für die sachlich-organisatorischen, die aufmunternd-motivierenden oder die Wenn-dann-Durchsagen liegt: »Wenn ihr in der letzten Reihe nicht sofort die Musik aus den Handys leiser stellt, dann …« Irgendwie wow, aber auch beängstigend, dieser Blick durch die riesige Panorama-Frontscheibe. Den gibt es auf den billigen Plätzen zwei Stufen höher nicht.

Wie die meisten habe ich an Klassenfahrten aus meiner eigenen Schulzeit gute Erinnerungen. Meine Jahrgangs-Abschlussfahrt in die Toskana war geprägt von endlosem Geschnatter vor dem Schminkspiegel und gemeinschaftlichen Mädels-Dusch-ins, die das komplette Zimmer unter Wasser gesetzt haben. Wir wollten den italienischen Dorfschönlingen den Kopf verdrehen. Leider sind wir dann versehentlich auf dem örtlichen Straßenstrich gelandet und entgingen nur knapp der Prügel von feindseligen leichten Damen, die in uns wohl Revierbeschmutzer sahen. Wir hatten Kajal und Gloss vielleicht doch ein wenig zu farbenfroh gewählt. Trotzdem ging der Abend in die Geschichtsbücher ein.

So musste ich nicht lange überlegen, als mein Vater, der Lehrer an ebenjener Hauptschule ist, an der ich Referendarin im Fach Mathematik bin, mich fragte, ob ich ihn und eine weitere Kollegin begleiten würde. Er ist seit gefühlten hundert Jahren Vertrauenslehrer an der Schule und im dritten Jahr Klassenlehrer der 9b. Das würde vielleicht nicht jeder so sehen, aber ich hatte mich riesig gefreut, als ich ausgerechnet an seiner Schule landete. Denn so hatte ich einen Sympathiebonus bei den Schülern, die mich liebevoll »Frau Herr-Hoff« nannten. Auf wenig Anerkennung stieß meine Unterstützung für die Dauer der Klassenfahrt bei Waltraud Kiesewetter. Die alteingesessene Kollegin hielt nichts von neuer Pädagogik. Ich auch nicht, aber das war ihr nicht begreiflich zu machen, denn sie versteckte sich lieber hinter einer Mauer von Generationen-Stereotypen, um in mir alles üble Neue, ihre verlorene Jugend und damit den Feind zu sehen.

»Taschenkontrolle«, keift Frau Kiesewetter durch den Bus. Ich zucke zusammen. Zum Glück muss ich selbst keinen Blue Curaçao mehr nach Italien schmuggeln. Während sich die Kollegin die Taschen der Schüler in der rechten Sitzreihe vornimmt, rieche ich an der einen oder anderen Fanta- oder Cola-Flasche auf der linken und kassiere auch ein, zwei potenzielle Wodka-Mischungen ein. »Boah, Mann, Frau Herr-Hoff«, sagt Luca, »haben Sie denn nie Alkohol auf einer Klassenfahrt getrunken?«

Ich hoffe auf die Wirkung kleiner Notlügen und versuche die Erinnerung an ein bekotztes Nachthemd zu verdrängen, das wir des Gestanks wegen bei minus acht Grad nachts aus dem Fenster gehängt hatten und das am nächsten Morgen – tiefgefroren, wie es war – prima von selbst aufrecht im Zimmer stehen konnte. »Natürlich nicht«, sage ich – hoffentlich halbwegs überzeugend.

Nach endloser Mittelstreifenbeobachtung und hundemüde treffen wir endlich in der Jugendbildungsstätte an, die für die nächsten fünf Tage unser Zuhause sein soll. »Frau Hoff, Sie werden schon sehen: Mit Kuschelpädagogik kommen sie hier nicht weit. Da muss man hart durchgreifen«, stutzt mich Frau Miese-Kiesewetter gleich nach dem Abendbrot zurecht. Dabei hatte ich mich nur mit ein paar Schülern über Kinofilme unterhalten. Um zu Hause im Internet nachzulesen, dass im Gruppenraum ein Fernseher und ein DVD-Player stehen, hatte das Interesse der Jungs an der Klassenfahrt im Vorfeld gereicht. Aber dass nun gleich alle losrennen, um stapelweise die gebrannten DVDs aus ihren Zimmern zu holen, hatte ich nicht vorausgesehen. »Das haben sie sich selber eingebrockt«, ätzt die Kollegin. »Nur dass Sie's wissen – wir sind nicht zum Fernsehgucken hier.«

»Damit ihr es wisst: Wir sind nicht zum Fernsehgucken hier«, sage ich, als die Schüler stolz mit den Filmhüllen vor meiner Nase wedeln. »Aber Frau Herr-Hoff, *Shaun of the dead* ist voll krass, voll das Gemetzel, aber auch so voll lustig und so.« Waltraud Kiesewetter wirft mir einen wenig belustigten Blick zu. Ich rette mich mit einem schlechten Scherz: »Sorry, Leute, der DVD-Player kann nur Französisch. Eure Filme könnt ihr gleich wieder einpacken.« Wer hätte das gedacht? Unter unwirschem Gemurmel zieht die ziemlich untote Meute von dannen mit ihren Zombie-Filmen und Endzeit-Visionen. Eigentlich sind sie nämlich ganz süß, meine bisweilen arg gemetzelorientierten Jungs. Zumindest dann, wenn ich nicht versuchen muss, sie in die Geheimnisse der Prozentrechnung einzuweihen. Die erste Runde geht jedenfalls an mich: 100 Prozent der DVDs verschwanden wieder auf den Zimmern.

Medienkompetenz hin oder her: Die kulturellen Höhepunkte einer Klassenfahrt ändern sich nicht. In meiner eigenen Schulzeit wurden hauptsächlich Kirchen und Baptisterien besichtigt. Das war ausgesprochen langweilig, für eine Klosterschule wie meine aber eben auch typisch.

Unser erster Ausflug mit unseren Kölner Schülern führte uns nach Carnac zu den Megalithfeldern. Auf einem großen, grünen Areal stehen riesige Steinkolosse in der Landschaft. Kein Mensch weiß, warum – also eigentlich faszinierend. Aber nicht für unsere Schüler. »Frau Herr-Hoff, dicke Steine? Das bockt jawohl echt nicht.« Ich versuche, ihnen das Mysterium näherzubringen: Seit über 4000 Jahren stünden diese Felsen nun schon hier. Niemand weiß, wer sei aufgestellt hat. Ich erzähle von der Vermutung der Historiker, dass es sich um Grabstätten oder religiöse Gebilde handeln könnte, und sehe vor meinem inneren Auge von Satz zu Satz immer mehr Denkblasen mit langen Reihen von »Zzzzzzzzz« aufsteigen. Es hört keiner mehr zu.

Lisas Geduld ist am Ende. »Ist doch voll krank, Frau Herr-Hoff! Keiner weiß, wieso die Steine hier rumstehen, aber wir müssen die trotzdem angucken?«

»Die ist ja auch keine richtige Lehrerin«, raunt Justin ihr etwas zu laut zu.

Lisa fragt Frau Kiesewetter: »Wissen Sie, wo die blöden Steine herkommen?«

Jetzt bin gespannt.

»Frau Hoff erklärt euch das schon noch«, antwortet der Dinosaurier aus der Schulsteinzeit und setzt ein selbstherrliches Grinsen auf.

Ich schließe meinen Vortrag mit der spontanen und glücklichen Eingebung, möglicherweise hätten Außerirdische die Felsformationen erbaut. Zack, wieder alle wach! Und schwups sind meine Schüler gedanklich in einem Universum aus Science-Fiction und Hollywood-Kino verschwunden, zu dem ich trotz CinemaxX-Gutscheinen zum letzten Geburtstag keinen Zutritt habe. War ich seit

Beginn des Refs eigentlich mal im Kino? Die 9b jedenfalls wandert dann doch halbwegs zufrieden durch die Steinformationen und hinterlässt ihr vergängliches Erkennungszeichen.

Sobald ein paar Schüler zusammenstehen, verwandeln sie nämlich die Mitte ihres Kreises in eine Pfütze aus Spucke. Nicht immer fliegt der Speichel mit Druck gen Erde, manchmal wird er auch nur als langer Faden lässig zu Boden gelassen, dessen Ende auf Höhe des Kinns kurz innehält. Alle machen mit, selbst die eitlen Lipgloss-Ladys.

»Ey, Erdal. Hast du Kamera?« Der unbestimmte Artikel ist wohl im Spuckesee gelandet.

»Nee, hab nur iPhone.« Das Subjekt des Satzes und der Artikel schwimmen wahrscheinlich obenauf.

»Machma Foto. Lassma Bus gehen.« Vor meinem inneren Auge vergehen unzählige – der Meinung meiner Schüler nach überflüssige – Wörter in den Spuckeseen in der Bretagne, ertränkt auf den Megalithfeldern. Da haben wir, kommt es mir in den Sinn, die Erklärung für das Kiez-Deutsch, das an der Hauptschule zur neuen Hochsprache geworden ist …

Nach einer Woche Segeln, Kanufahren, Fußballspielen und Crêpes-Backen machen wir uns auf zum Muss jeder Frankreich-Klassenfahrt und legen auf der Rückfahrt einen Zwischenstopp in der Hauptstadt ein. Herrlich, dieses Paris bei Nacht. Die schunkelnden Boote auf der Seine, der hell angestrahlte Arc de Triomphe. Es könnte fast romantisch sein, wenn nur meine Schüler nicht wären. Allein die Wortkombination aus »Französisch« und »Paris« heizt die Fantasie der Jungs mächtig an.

Ausgerechnet Justin, der sich weder zwei Sätze am Stück noch die Regel »Punkt-vor-Strich-Rechnung« merken kann, haut einen Spruch nach dem nächsten raus: »Zwei Pariser schwimmen die Seine runter. Sagt der eine zum anderen: Du siehst aber schlecht aus. Sagt der andere: Alter, so voll wie gestern war ich in meinem ganzen Leben noch nie!« Muhaha. Die Rückbank johlt. Und dann noch einer auf meine Kosten: »Kommt Frau Herr-Hoff in Apotheke. ›Was wollen Sie?‹, fragt Frau von der Apotheke. Frau Herr-Hoff so: ›Kennst du Hauptstadt von Frankreich?‹ Apothekenfrau so: ›Ja, klar.‹ – ›Cool, gib mal drei Einwohner!‹« Die Stimmung ist auf dem – Entschuldigung – Höhepunkt.

Um dem Bildungsauftrag nachzukommen, habe ich unter anderem mein Wissen über den Eiffelturm zusammengetragen. »Der Eiffelturm kommt nicht aus der Eifel, auch wenn das manch einer von euch gedacht hat.« Ich erzähle von der Weltausstellung hundert Jahre nach der Französischen Revolution, zu der der Turm errichtet wurde. Er ist mehr als 300 Meter hoch, aus Eisen und eines der bekanntesten Bauwerke der Welt. »Eine richtig große Nummer, Leute«, verspreche ich meinen Schülern.

Als der Bus am Marsfeld zum Stehen kommt, scheinen einige Schüler richtiggehend motiviert, sich das Wahrzeichen von Paris einmal anzusehen. Und dann steht Emre vor dem großen Turm und ist bitter enttäuscht: »Frau Herr-Hoff, ist gar nicht fertig. Ist nur Gerüst!«

Da bleibt dann auch mir die Spucke weg.

Jagdszenen in der Nordstadt

Silke Bissinger, eine Gesamtschule in Nordrhein-Westfalen

Chinesen gelten als nett, freundlich und zurückhaltend. Mein Vater ist Vertriebsingenieur bei einem mittelständischen Maschinenbauunternehmen. Als er einmal von einer Geschäftsreise zurückkam, erzählte er uns am Abendbrottisch, wie wichtig bei Verhandlungen im Reich der Mitte Höflichkeit, Geduld und Etikette sind. Wer diese Tugenden nicht respektiert, wird keinen Erfolg haben.

Mein Schüler Jun war da aus einem ganz anderen Holz geschnitzt. Er war so eine Art Jackie Chan der Nordstadt: Trotz seines zarten Alters von zwölf Jahren hatte er schon so manchen Mitschüler auf dem Pausenhof vermöbelt – niedergestreckt mit einer Mischung aus Kickboxen und Mangel an Impulskontrolle. Es hatte deshalb schon zig Gespräche mit den Eltern gegeben. Aber auch sie, die vor 20 Jahren aus China nach Deutschland gekommen waren, wussten angesichts von Juns Ausbrüchen nicht mehr weiter. Ich kann im Unterricht auch mit brenzligen Situationen ganz gut umgehen. Aber Jun verlangte mir einiges ab. Wäre das Referendariat eine Urlaubsreise, wäre Jun irgendwo zwischen 15-Kilometer-Stau bei 35 Grad und bewaffneter Flugzeugentführung anzusiedeln. Und bis zu den Sommerferien, bis zum Examen, war Jun für mich vor allem eins: Er war in meiner 6c. Ich musste da durch.

Typen wie Jun und das ganze Spektrum adoleszenter Verirrungen waren an meiner Einsatzschule in Nordrhein-Westfalen in größerer Zahl vorhanden. Sie ist wohl das, was landläufig »Problemschule« genannt wird, und im Laufe des Referendariats hatte ich schon Geschichten erlebt, die andere in einem ganzen Lehrerleben nicht anhäufen. In meiner zehnten Klasse Deutsch zum Beispiel fehlte ein Mädchen wochenlang, weil es einen Drogenentzug in einer psychiatrischen Klinik hinter sich bringen musste. Dann gab es da die Geschichte von der angeblichen Vergewaltigung: Als ich morgens zur Schule kam, sah ich schon von Weitem Polizeiwagen vor dem Eingangstor stehen. Allerhand Gerüchte machten die Runde. Ausgerechnet in meinem Unterricht öffnete sich dann mitten in der ersten Stunde die Tür. Zwei Kripo-Beamte kamen herein. »Wir müssen leider zwei ihrer Schüler für eine Befragung mitnehmen.« Ein Mädchen an der Schule hatte behauptet, sie sei hinter der Turnhalle von den beiden Jungen vergewaltigt worden. Die Beamten mussten prüfen, was an den Anschuldigungen dran war. Am Ende gab die Schülerin zu, sich alles nur ausgedacht hatte, um sich die Aufmerksamkeit ihres Exfreundes zu sichern, der sie verlassen hatte. Davon redete die ganze Schule noch monatelang.

Ziemlich sprachlos ließ mich die Episode von meinem Schüler Robin zurück, der eines Tages 20 Minuten zu spät zum Deutsch-Leistungskurs kam. Er hatte eine gute Entschuldigung: Während die Schüler an anderen Schulen gemeinhin den Bus verpasst oder verschlafen haben, wenn sie zu spät kommen, war Robin überfallen worden. Seinen eigenen Worten nach wohnte er in einem »Assi-Viertel«, und an diesem Tag war ich allerdings geneigt, ihm zu glauben: Als er die Haustür geöffnet hatte, um zur Schule zu gehen, griffen ihn zwei andere Jugendliche an und bedrohten ihn. Sie drängten ihn zurück in die Wohnung und verlangten Geld. Ich fand es bewundernswert, dass er an dem Tag überhaupt zur Schule gekommen war. Robin dagegen fand das Geschehen nicht sonderlich aufregend, eher lästig. Auch das gab mir in meinem Referendariat zu denken.

Nicht weniger ernüchternd fand ich wenig später die Reaktion einer Mutter beim Elternsprechtag. Es ging um meine Schülerin Elif, der ich in Deutsch zum Halbjahr eine Fünf hatte geben müssen. Frau Erdem sah in schlechten Noten und einer gefährdeten Versetzung ganz offenkundig kein bemerkenswertes Problem. »Frau Erdem, wir müssen da was machen. Elif muss besser lernen«, sagte ich. Frau Erdem hob nur den ausgestreckten Zeigefinger in die Luft und schüttelte ihn vor meiner Nase hin und her: »Na-na-na-na-na-na-na«, fiel sie mir ins Wort. »Isch Putzfrau – Elif Putzfrau«, argumentierte sie mit einem Schulterzucken. »Braucht kein Ausbildung.«

An dieser Schule, diesem Schmelztiegel des Wahnsinns, sollte ich also meine UPP ablegen. Während Elif und Robin nichts für das konnten, was ihnen widerfuhr, gefiel sich Jun in der Rolle des Saboteurs. Er störte ständig den Unterricht, und bei Konflikten war ihm mit Worten nur schwer beizukommen. Seine Standardantwort auf, für und gegen alles: »Ich hau dir auf die Fresse.« Kurzum – in meinem Unterrichtsalltag war er ein latenter Angstfaktor, wie ein in der Erde schlummernder Blindgänger. Für den Tag der UPP wurde er für mich als Referendarin zu einer tickenden Zeitbombe.

Und doch hatte ich keine andere Wahl: Der Unterrichtsbesuch in Sport musste in der 6c sein und sollte in der vierten Stunde stattfinden. Als der Termin nahte, tat mein Betreuungslehrer Herr Hinrichs daher etwas, das nicht unbedingt den Richtlinien entspricht: Mit Erlaubnis von Schulleiter Wedekind schloss er Jun von meiner Sportstunde aus. Beide hatten Bedenken, dass der selbst ernannte Kamikaze-Karateka die Prüfung sprengen würde, und wollten ihn für die Dauer meiner Lehrprobe in die Obhut der Parallelklasse übergeben, wo er eine Extrastunde Mathe verpasst bekäme. Ich atmete auf – meine Situation war ein wenig entschärft und eine gute Note rückte in greifbare Nähe. Es gab mir ein großes Stück Sicherheit zurück, dass ich diese Stunde ohne Jun halten konnte. Beschwingt machte ich mich an die Unterrichtsplanung.

Meine Schule belegte für den Sportunterricht auch Zeiten in der Halle der benachbarten Grundschule. Dorthin war es ein gutes Stück Weg, das ich nach meiner Deutschlehrprobe in der zweiten schnell hinter mich brachte, um vor Ort die letzten Vorbereitungen zu treffen. Die Schulleitung hatte entschieden, Jun vorerst noch nicht von seinem Kurzzeit-Ausschluss vom Sportunterricht zu erzählen. Der Direktor wollte das Temperament des Unterstufen-Ninjas nicht herausfordern. Erst ein paar Minuten vor Ablauf der dritten Stunde holte ihn Schulleiter Wedekind aus der Klasse. Jun explodierte, stürmte wutschnaubend aus der Klasse, schlug die Tür zu – und ward nicht mehr gesehen.

Ich ahnte davon zum Glück nichts. Ich war ja bereits in der Turnhalle und erwartete die Ankunft der Schüler und meiner Prüfer, nervös genug. Während Lehrer Hinrichs bei den übrigen Sechstklässlern blieb und sie zum disziplinierten Marsch zur Turnhalle anhielt, nahmen Herr Wedekind – ein eher sanftmütiger, immerhin sportlicher Typ – und unser didaktischer Leiter, Herr Clausinger – ein für seine Breite etwas zu kurz geratener Mann, der Ähnlichkeit mit einem Flummi hatte –, die Verfolgung auf. So es denn die Fitness von Herrn Clausinger zuließ, liefen die beiden im Trab den Weg zur Grundschulturnhalle ab. Und weil sie Jun bei ihrer Ankunft noch nicht gefunden hatten, teilten sie sich auf, um die angrenzenden Querstraßen abzusuchen.

Man muss sich das mal vorstellen: Zwei erwachsene Männer durchkämmen in Räuber-und-Gendarm-Manier das Viertel, um einen Zwölfjährigen dingfest zu machen, damit dieser am Ende nicht wie Gerhard Schröder einstmals am Kanzleramt an der Turnhallentür rüttelt und »Ich will da rein!« ruft. Erziehung kann bisweilen schweißtreibend sein. Auch ich wäre wahrscheinlich mit meinem Latein am Ende gewesen, wenn mir kurz vor dem Eintreffen der Prüfer noch eine Auseinandersetzung mit dem überhitzten Jun geblüht hätte. Der war ja nun erst einmal weg. Herr Hinrichs und brave Schüler in Zweierreihen trafen ein, und auch die Prüfungskommission hatte den Weg gefunden. Wir begannen mit dem Aufbauen der Geräte, die Schüler stellten sich für Hüftaufschwung und Felgumschwung am Reck auf, die Prüfer nahmen auf einer Turnbank an der Hallenlängsseite Platz. Nach 25 Minuten hatte sich der Übungsablauf eingespielt, ich hatte also schon mehr als die Hälfte der Stunde herumbekommen – und meine UPP insgesamt fast hinter mir. Stolz und Freude stiegen in mir auf. Da wurde mein Bemühen, mich wieder auf die Stunde zu konzentrieren, von lautem Rufen zunichtegemacht.

Die Tür schlug auf und Jun kam hereingelaufen, gefolgt von einem gehetzten Herrn Wedekind und, einige Meter dahinter, einem schnaufenden Herrn Clausinger. Der blieb wenige Meter hinter der Tür erst einmal stehen, stützte die Hände auf die Knie und atmete schwer, während Jun von der Tür weg, mich und die Schüler im Rücken, in den hinteren Teil der Halle lief. Auf dem Weg dorthin stampfte er mit seinen Straßenschuhen über die blaue Weichbodenmatte, die ich mit den Schülern unter die Ringe geschoben hatte, Herr Wedekind hinterdrein. Jun schlug einen Haken, durchquerte die Halle in der Breite und lief Richtung Seitenausgang. Auch Herr Clausinger hatte sich mittlerweile wieder in Bewegung gesetzt und folge mit einigen Metern Abstand. Es waren Jagdszenen wie aus der *Benny Hill Show*. Hätte man sie im Zeitraffer abgespielt und mit dem berühmten Saxofon-Thema untermalt – man hätte sie glatt im Fernsehen zeigen können.

Himmel, was sollte ich tun? Geistesgegenwärtig, zum Glück, wies ich meine Klasse an, die Übung zu unterbrechen und sich an der Hallenlängsseite aufzustellen. Als sich die Schüler in Bewegung setzten, riskierte ich einen Blick über die Schulter. Jun war am Seitenausgang angekommen. Es war ein warmer Tag – und schwups, war er durch die offene Tür entwischt. Herr Wedekind lief hinterher. »Wir erklären Ihnen das nachher«, röchelte Herr Clausinger noch in meine Richtung, bevor er ebenfalls in den Straßen der Nordstadt verschwand. Ich war völlig perplex.

Erst nach Abschluss der Stunde und vollbrachter Nachbesprechung erzählte mir Herr Wedekind die ganze Geschichte. Die Prüfer hatten mildernde Umstände ob der Unterbrechung anerkannt, waren aber auch ganz zufrieden mit meiner Reaktion auf die Verfolgungsjagd gewesen. Minuspunkte gab es dafür, dass ich vergessen hatte, die Halle abzuschließen. Aber ich hatte es geschafft. Examenslehrprobe ohne mit Jun.

Zehn Dinge, die man im Ref nicht tun sollte

Benjamin Köhler, Realschule, Reutlingen

1. Eine eigene Meinung haben.
2. Wenn 1. unausweichlich ist: die eigene Meinung äußern.
3. Dem Direktor widersprechen.
4. Dem Seminarleiter widersprechen.
5. Dem Betreuungslehrer widersprechen.
6. Dem Fachleiter widersprechen.
7. Dem anderen Fachleiter widersprechen.
8. Dem Mentor widersprechen.
9. Dem Hausmeister widersprechen.
10. Freund oder Freundin etwas versprechen.

Druck machen

Nadine Weiler, Gymnasium, Dortmund

Der Referendarsalltag ist trist und grau. Viele Jahre meiner Schulzeit habe ich gedacht, dass Lehrer es viel besser haben als Schüler. Sie sitzen im warmen Lehrerzimmer, trinken Kaffee und lachen, während wir auf dem Schulhof in der Pause auf dem vereisten Boden Käsekästchen oder Himmel und Hölle spielen und frieren müssen. Die Lehrer haben ein eigenes Zimmer zum Rauchen – wenn wir erwischt werden, drohen Tadel und Schulverweis. Und während es auf Schülerklos stinkt wie in der Kanalisation und man jeden Moment erwartet, dass Ratten über den Boden flitzen, ist das Lehrerklo eine Wohlfühl-Oase, die aussieht und riecht, als wäre soeben erst der Bodenwischer aus der Fernsehwerbung hindurchgesaust und hätte die grau gesprenkelten Bodenfliesen in eine duftende, bunte Blumenwiese verzaubert.

So war es eine meiner größten Enttäuschungen, als ich die Seiten wechselte und sah, dass es auch auf dem Lehrerklo nur das graue Schmirgelpapier gibt, das schon Generationen von Schülern zu Heimscheißern hat reifen lassen. Hier und heute kann ich es einmal laut, deutlich und ausdrücklich sagen: Auf dem Lehrerklo gibt es ebenfalls nur das fiese, schreckliche, graue Papier. Nur. Das. Graue. Papier. Das so dünn ist, dass es reißt. Das so rau ist, dass man damit besser Heizkörperlack entfernt als … Ihr wisst schon. Bereits zu Schulzeiten habe ich mir immer wieder ausgemalt, wie breitschultrige Männer mit dicken Arbeitshandschuhen in den frühen Morgenstunden stumm große Paletten des grauen Popo-Unheils in die Hausmeister-Garage räumen und dann mit ihrem 35-Tonner die nächste Bildungsanstalt anfahren, um auch dort große Industriepackungen der Einheitsrollen abzuliefern. Wie soll man dazu eine ungestörte, gar intime Beziehung entwickeln? Schüler verzärteln, wie der neueren Pädagogik häufig vorgeworfen wird – auf dem Schulklo kommt es dazu garantiert nicht.

Auf das graue Klopapier komme ich gleich noch einmal zurück. Angefangen hatte alles damit, dass meine Fünftklässler am Boden der Turnhalle sitzen. Es ist meine erste eigene Sportstunde im Ref. Da soll man ja immer ganz tolle Dinge zeigen und das Rad neu erfinden: Jeder UB ein kleines Feuerwerk! Im Sportunterricht bedeutet das: Wir erziehen die Schüler nicht mehr zu höher, schneller, weiter. Sondern: Die Kinder lernen, im Team zu kooperieren, wir wettkämpfen ***miteinander*** statt gegeneinander, wir haben gemeinsam Freude am Sport und an der Gesundheit. Insgesamt endete die Stunde allerdings leider äußerst peinlich!

Meine Idee: Bevor wir zum eigentlichen Basketballspiel kommen, erarbeiten die Schüler in Gruppenarbeit Regeln für sportliches Verhalten in der Turnhalle. Nun, um es gleich klarzustellen: Ich finde das sinnlos, die Schüler finden es noch blöder – immer dickere Kinder sollen auch im Sportunterricht reflektieren statt rennen, kombinieren statt klettern, sinnieren statt springen. Das Lernziel: Die Schüler leiten selbst her, welche Regeln wohl für das gemeinsame Spiel sinnvoll sind. Warum jetzt genau das als Unterrichtseinheit so sinnvoll ist, weiß ich auch nicht mehr – keine

Ahnung, ehrlich. Ich würde das heute auch auf keinen Fall mehr so machen. Aber es passte ins Konzept. Ich war vor allem froh, ein Thema gefunden zu haben.

Ich teile große Bögen Zeichenpapier und Stifte aus. Die Schüler knien auf dem Boden und füllen die Plakate mit Regeln: Nicht an den Haaren ziehen, nicht treten, nicht mit dem Ball abwerfen, nicht kratzen oder beißen, solche Sachen. Das Highlight: »Nicht schuppsen«, aber im Sportunterricht wird ja nicht in erster Linie die Rechtschreibung bewertet.

Nach fünf Minuten klatsche ich laut in die Hände und erhebe die Stimme: »So, Kinder, dann lasst uns mal im Mittelkreis zusammenkommen, bringt eure Plakate und Stifte mit, und dann tragen wir zusammen, welche Regeln ihr gefunden habt.« Die ersten Kinder stehen auf, sortieren ihre Siebensachen und machen sich auf den Weg zur Hallenmitte. Da springt mir das Unheil schon ins Auge.

Er ist einer der guten Freunde und engen Begleiter der Lehrkraft: der Edding-Permanentmarker. Er gibt Händen, die nicht wissen, wohin, Halt vor leerer Tafel. Er hilft der Hand und dem Zeigefinger beim Unterstreichen von Drohungen gegen störende Elemente in der Klasse (»Du, sei sofort ruhig!«) und ist das Mittel der Wahl in der Gruppenarbeit mit Plakaten! Was ich allerdings nicht bedacht hatte: So ein Edding lässt sich von herkömmlichen DIN-A3-Bögen nicht immer aufhalten. Die Halle war zwar alt, aber der Boden just zu Beginn des Halbjahres brandneu gemacht worden. Und neben blauen Linien für das Basketball- und grünen für das Handballfeld war der Belag nun auf der ganzen Fläche übersät mit den Edding-Regeln, die auf den Hallenboden durchgedrückt waren.

Ich schnappte mir sofort einen der Stifte, um zu sehen, ob die Farbe wasserlöslich ist – das war sie natürlich nicht. Es stand sogar ganz dick drauf, dass dieses Modell eben *nicht wasser-*

löslich ist. Ich hatte beim Einkaufen nicht darauf geachtet. Mein Fachleiter war zum Glück ein ganz Netter, der mir das Malheur nicht übel genommen hat. Gemeinsam definierten wir das Ziel der Unterrichtsstunde in Armmuskel-Training um. Die Schüler eilten auf die Toiletten, bewaffneten sich mit grauem Papier – für das Schrubben des Hallenbodens sollte das raue Zeug doch gute Dienste leisten. Sie holten Wasser und Seife und schrubbten wie alte Wachfrauen den Hallenboden. So emsig, dass es rührend anzusehen war. Nur leider, bis zum Ende der Stunde – ohne Erfolg.

Ich fühlte mich wie das durchtriefte, zerknüllte Papier in den Mülleimern. Ich musste zum Glück nichts bezahlen, und auch sonst endete alles ohne größeres Aufhebens. Aber ich erlangte mit der Geschichte einige Berühmtheit an der Schule. Denn bis der Hausmeister es geschafft hatte, die Schmierereien mit irgendeinem Mittel zu entfernen, stand noch einige Wochen lang in klaren, schwarzen Druckbuchstaben auf dem Hallenboden zu lesen: »Nicht schuppsen«.

Nächtliche Monsterjagd

Julia Schoeller, Grundschule, Hamburg

Schweißgebadet wache ich auf. Seit den ersten Stunden in der 2b schrecke ich regelmäßig nachts hoch. Wieder und wieder habe ich diesen Traum, der beängstigend, aber auch tröstend ist. Beängstigend auf der einen Seite, denn ich mache mir Sorgen um meine seelische Gesundheit. Aber auch tröstend, denn wenn das mit dem Job als Lehrerin nichts werden sollte, habe ich jetzt einen Plan B – ich schreibe einfach Kinderbücher, prall gefüllt mit gruseligen, fantastischen, wahnsinnigen Geschichten. Monstergeschichten, die mich gar nicht mehr in Frieden lassen! In meinem Traum jagt Quetsch-Bananen-Monster das Leberwurstbrot-Gespenst durch ein Labyrinth von Schimmelpilzkulturen. Der nächste Kampfschauplatz: Schwitzende Wurst bedroht welligen Käse, brauner Krümel bleibt in quietschgelbem Limonaden-Klebe-Sumpf stecken. Ist das noch normal?

Der Quell meiner bunten Nachtfantasien ist der Ranzen von meinem Schüler Fabrice. Dort lässt sich beobachten, wie Essen

seinen Aggregatzustand wechselt. Neben vollgekritzelten, zerknüllten Schmierzetteln drückt sich ein fauler Pfirsich an die Rückenwand. Sammelmappe, Schinkenbrot und Trinkflasche sind mit dem Boden eine feste Verbindung eingegangen. Zwischen zerknickten Übungsblättern ist ein Kaugummi hart geworden und obenauf rascheln Schoko- und Milchriegelverpackungen. Es riecht süßlich-säuerlich – eine wahrhaftige Sauerei.

Damit der Rücken nicht schmerzt, gehört nicht allzu viel hinein in einen Schulranzen. Federtasche mit Bunt- und Filzstiften, Füller, das Mitteilungsheft, Sammelmappe, Pausenbrot, Trinkflasche. Das war's. Da kann der Überblick doch kaum verloren gehen. Es sei denn, man schmeißt, wie Fabrice, ständig nur oben hinein und macht den Deckel schnell wieder zu – wie bei einem Mülleimer. Fabrice meint das nicht böse. Er ist ein Träumerle, ein bisschen lahm, ein bisschen schläfrig. Bisweilen wirkt er wie auf Sedativa. Seine Talente liegen anderswo. Er malt zum Beispiel die tollsten Bilder. Fabrice malt in den Stunden, er malt in den Pausen. Und wenn man ihm sein aktuelles Werk wegnimmt, damit er im Unterricht aufpasst, würde er nie vergessen, es sich nach der Stunde wiederzuholen. Doch alte Bananen und Pausenbrote, die bleiben drin – und leben fröhlich weiter auf dem Boden seines Schulranzens.

Seine Eltern stecken ihm einfach zu viel Taschengeld zu, das er dann am Kiosk in Süßigkeiten umsetzt. Und so bekommt Streichkäse-Brötchen vom Montag am Dienstag Gesellschaft von Mortadella-Knäcke, am Mittwoch schmiegt sich Erdnussbutter-Toast-Sandwich an die beiden, und am Donnerstag bekommen sie alle noch Besuch von Eiersalat-Graubrot. Am Freitag traf ich sie dann in geselliger Runde am Grund von Fabrice Tasche an. Wenn die Eltern doch wenigsten Alufolie nehmen würden! Stattdessen, ich will jetzt nicht ins Detail gehen, nässt der Belag durch das milchige Butterbrotpapier und, ach, ihr wisst schon.

Ein Hoch auf die Butterbrotdose! Einmal sah ich Fabrice, wie er seinem Ranzen in der Pause tatsächlich ein sauberes Kunststoffbehältnis entnahm. Bei meinem nächsten Besuch an seinem Platz, wohlgemerkt zwei Tage später, begegnete ich der angebissenen Stulle dann allerdings ein zweites Mal. Sie hatte es sich in der Ablage unter Fabrice Pult bequem gemacht. Die Butter an der Bissstelle schaute mich vorwurfsvoll an, bis ich mich erbarmte und das arme Wesen zum Mülleimer brachte.

Ich müsste das nicht tun, aber ich kann es nicht mehr abstellen. Wenn ich in der Gruppenarbeitsphase in der Klasse herumgehe und den Schülern über die Schulter blicke, werfe ich bei Fabrice auch immer einen Blick in die Tasche. Man weiß nie, was man findet. Und irgendwie habe ich ja auch Mitleid mit ihm, weil ihm sonst keiner hilft.

Natürlich habe ich schon mehrfach eine Notiz in sein Mitteilungsheft geschrieben. Aber die Chancen auf Erfolg waren von Anfang an gering. Bisher hat Fabrice es jedes Mal vergessen, die Nachricht seinen Eltern zu zeigen. Da muss ich mich also hartnäckiger dahinterklemmen, und bis dahin weiß ich beim besten Willen nicht, wie ich verhindern soll, dass sein Ranzen als Kompostierer herhält.

Zunächst werde ich also weiter, wohl oder übel, den nächtlichen Besuch meiner kleinen Monsterfreunde erdulden müssen. Vergangene Nacht habe ich besonders intensiv geträumt. Matschbirnen-Kobold und Limofleck-Klebeschwamm waren sich gegenseitig an die Gurgel gegangen. Bevor der Kampf zu Ende ausgefochten war, erwachte ich. Immerhin hatte am Vortag die Konferenz beschlossen, dass alle Lehrer der zweiten Klassen eine Themenwoche unter dem Namen »Mein Schulranzen« planen sollen. Ein Bestandteil der Unterrichtseinheit lautet, gemeinsam im Sitzkreis die Ranzen auszupacken und sich gegenseitig zu zeigen, was alles drin ist. Liebe Kinderbuchverlage, aufgepasst! Ich melde mich!

Leon-Justin mit den Scherenhänden

Sandra Harting, Grundschule, Münster

Ich habe in meinem Leben ja schon viele dumme Ausreden gehört. Ein Junge, mit dem ich gegangen bin, als ich 16 war, behauptete einmal, ihm sei das Handy in der Waschmaschine kaputtgegangen – seine Mutter habe es in der Jeans mitgewaschen. Deshalb habe er sich drei Tage lang nicht bei mir melden können, so die Erklärung, als ich vor seiner Tür stand, um ihn zur Rede zu stellen. Komischerweise ging das Handy am nächsten Tag wieder. Da hatte ich dann bereits Schluss gemacht – per SMS, hehe.

In der Schule gibt es einen Kanon immer gleicher, geradezu klassischer Ausreden (»Verschlafen, weil Wecker wegen Stromausfalls in der Nacht nicht geklingelt hat«, »Bus hatte Verspätung«, »Meine Schwester hat mein Heft eingesteckt, habe die Hausaufgaben aber gemacht, ischwör!«). Und es gibt die entwaffnenden, fast witzigen: Neulich hatte ich Kadir wegen Kippelns mit dem Stuhl schon mehrfach ermahnt, bis er dann wirklich umfiel und hart auf dem Boden aufschlug. Seine Entschuldigung, als er wieder über die Tischkante guckte: »Frau Harting, das war ich nicht!« Oder die von Niels vergangene Woche: »Meine Zahnbürste ist abgebrochen, und ohne Zähneputzen konnte ich ja schlecht in Ihren Unterricht kommen.« So ist es seit Menschengedenken: Schüler lassen sich für ihre Verfehlungen Ausreden einfallen, und je nachdem, wie kreativ oder spontan sie sind, drücken Lehrer ein Auge zu. Es ist ein geistreiches Kräftemessen, und beide Seiten kennen die Regeln des Spiels.

Deshalb hat mich die Ungerührtheit und Selbstverständlichkeit, mit der von einigen Schülern selbst die dümmsten Begründungen ins Feld geführt werden, im Ref ziemlich kalt erwischt. Mein Verhältnis zu Leon-Justin, einem meiner Drittklässler, ist zum Beispiel alles andere als ein lustiges Spiel – es ist ein verbissenes Armdrücken. Leon-Justin zeigt sein Desinteresse mit einer Offenheit und Unverschämtheit, die ihresgleichen sucht. »Hab ich vergessen«, »Weiß ich nicht«, »Mir doch egal«, »Ist doch nicht meine Schuld« – Reue kennt er nicht. Wörter wie »Entschuldigung« fehlen in seinem Vokabular. Oft sind es recht einfache Dinge, die er tut oder unterlässt – das dafür aber ziemlich oft: Er verstößt gegen die Pausenregeln, sucht Streit, zieht an kalten Tagen keine Jacke an, wenn er auf den Hof läuft. Er zieht die Mädchen an den Haaren, wenn er denkt, dass ich nicht hingucke, und klaut seinen Mitschülern alles, von Stiften bis zu Schokoriegeln.

Und bisweilen geschehen Dinge, die vermuten lassen, dass bei ihm ein paar wichtige Stellschrauben locker sind. Eines Tages im Englischunterricht in der 3a (ich gebe Englisch und Deutsch) las Lena aus der zweiten Reihe eine selbst geschriebene Geschichte vor. Ich hatte meine linke Hand auf dem Tisch abgelegt und hörte aufmerksam zu, als ich etwas Kaltes an der Hand spürte. Ich riss überrascht meinen Kopf herum: Leon-Justin hatte eine Schere in der Hand und die beiden Hälften doch tatsächlich um meinen Zeigefinger gelegt! Er erwiderte meinen bösen Blick mit einer Mischung aus gespielter Unschuld und Argwohn. »Ich habe ja nicht zugedrückt, Frau Harting, ne?« Ich war schockiert. Was für ein dreister Typ. Nicht auszudenken, was er mit einem Zirkel so alles anstellen würde. Zum Glück musste ich in dieser Klasse kein Mathe geben!

Ich war kurz davor, ihn bei »Die strengsten Eltern der Welt« auf Kabel eins anzumelden, wo Teenies im Dschungel von Thailand, Brasilien oder Namibia Respekt eingebläut bekommen, indem ihnen ihr gewohntes Umfeld und jeglicher Komfort genommen werden. Das kam nicht ernsthaft in Betracht. Leon-Justin war erst neun, und ich war seine Lehrerin, nicht seine Mutter. Und so war klar, dass mir mit ihm noch eine Menge unangenehme Kraftproben bevorstand. Letztlich häuften sich mehrere davon dann in einer Woche. Und ich kann nur von Glück sagen, dass ich nach 14 Monaten Ref schon halbwegs gefestigt dastand. Sonst hätte ich diese Episode kaum souverän hinter mich gebracht.

Es begann vergleichsweise harmlos: Leon-Justin rannte in der Hofpause in Richtung Atrium – ein Gebäudeteil unserer Schule neben dem Haupteingang, wo sich auch ein Fahrradunterstand befand. Schüler dürfen sich dort in der Pause nicht aufhalten. Und genau das gefiel ihm wohl auch daran. Ich sah ihn zwischen den Fahrrädern herumtoben, als ich den Weg über den Schulhof von einem Klassenraum zum Lehrerzimmer zurücklegte. Und weil Leon-Justin schon auf »Wolke« stand, musste ich einschreiten.

Die Wolke ist Teil des Sanktionssystems in der 3a. Neben dem Namen der braven Kinder steht eine Sonne. Wer mehrfach den Unterricht stört, trotz mehrfachen ausdrücklichen Verbots (»Wenn ich jetzt noch einen erwische ...«), Kaugummi kaut oder sein Zeug nicht parat hat, der erhält in meinem kleinen Büchlein eine Wolke – quasi die gelbe Karte. Und benimmt sich besagter Schüler dann zeitnah noch einmal daneben, schlägt in seiner Zeile der Blitz ein. Dann gibt es eine Strafe, zum Beispiel eine Extraaufgabe, und der nachhallende Donner kann je nach Vergehen ein Anruf bei den Eltern sein. Für Leon-Justin hatte ich gleich eine Doppelseite angelegt. Sein Vorstrafenregister war prall gefüllt – mehrere Gewitterfronten waren über das Papier gezogen. Das beeindruckte ihn schon lange nicht mehr. Er war sturmerprobt. Aber Regeln sind dazu da, eingehalten zu werden.

Als ich Leon-Justin bei den Fahrradständern antraf, wies ich ihn an, mich zum Lehrerzimmer zu begleiten. Unterwegs konfrontierte ich ihn mit seinem persönlichen Wetterbericht – er war erneut in ein Gewitter geraten war. Da gab es kein Vertun. Zur Strafe setzte ich ihn im Vorflur des Lehrerzimmers neben den Kopierer. Dort störte er den Betrieb im Lehrerzimmer nicht und war dennoch unter Beobachtung, denn dort gingen ständig Lehrer ein und aus. Bis zum Ende der großen Pause wollte ich ihn dort sitzen lassen, um ihn über seinen Verstoß nachdenken zu lassen. Ich wollte ihm zeigen, dass ich gut auf ihn aufpasste, und so warf ich mehrfach einen Blick in den Vorflur und stellte Augenkontakt zu ihm her. Und doch erdreistete sich Leon-Justin, einfach abzuhauen. Als ich kurz vor Pausenende noch einmal ein ernstes Wörtchen mit ihm reden wollte, war er weg. Der Stuhl, auf dem er eben noch gesessen hatte, war leer. Ich lief sofort los, um ihn mir zu schnappen. Erst auf dem Pausenhof fand ich ihn, an der Tischtennisplatte, und stellte ihn zur Rede. »Ich musste mal zur Toilette«, log er. Es lag auf der Hand, dass er provozieren wollte.

Es klingelte zur nächsten Stunde. Ich lief dampfend vor Wut zurück ins Lehrerzimmer, wo ich zum Glück die Konrektorin antraf. Ihr erzählte ich alles und unterstrich, dass sich Leon-Justin bewusst meiner Aufsicht entzogen hatte. Ich schloss mit meiner Einschätzung, dass ein Donnerwetter folgen müsse: »Ich rufe jetzt seine Mutter an. Er hat sich wissentlich all meinen Sanktionen widersetzt. Da muss doch jetzt eine Steigerung her – die muss den Burschen sofort abholen. Wenn der nicht merkt, wie respektlos das war, tanzt der uns allen doch nur noch auf der Nase herum.« Das Plazet der Konrektorin hatte ich. Ich rief also an und forderte die Mutter auf, ihren Sohn unverzüglich in der Parallelklasse abzuholen.

Und Frau Bachowiak kam. Etwa eine Dreiviertelstunde später traf sie an der Schule ein. Ich hatte in der Stunde, die sich an das Hin und Her anschloss, passenderweise Englisch in der 3a gehabt. Wir schauten »Mr Matt«-Filme aus der Playway-Reihe, Leon-Justin hatte ich in die Parallelklasse gesteckt, damit er gleich merkt, dass er zu weit gegangen war und in der Klasse heute nichts mehr zu suchen hatte. Vor dem Raum nahm mich die Mutter zur Seite. Sie hatte extra auf mich gewartet.

»Frau Harting, haben Sie einen kurzen Moment, bitte?«

»Guten Tag, Frau Bachowiak. Ich wollte auch noch mit Ihnen sprechen, aber es ist jetzt gerade nicht der richtige Augenblick. Ich muss in eine andere Klasse.«

»Das hat ja wohl einen Moment Zeit. Jetzt hören Sie mir mal zu. Mir ist wegen dieser Aktion gerade von meinem Chef mündlich gekündigt worden. Und all das nur, weil ich hier antanzen muss. Das war doch gar nicht notwendig. Leon-Justin ist doch nicht krank.«

So war das also. Ich war völlig überrumpelt. Das konnte doch nicht ihr Ernst sein. Ich erklärte ihr sachlich, dass ihr kleiner Racker mir keine andere Wahl gelassen hatte. »Wenn ein Kind bestraft wird und sich trotz der Anweisung der Lehrer der Sanktion wiederholt widersetzt, gibt es keine andere Möglichkeit mehr.« Ich wollte ja auch keinen Streit, und das mit der Kündigung klang wirklich hart. Deshalb signalisierte ich ihr, dass die Schule sie gern unterstütze, zum Beispiel mit einem Schreiben, das den Grund ihrer Abberufung als notwendig nachweist. »Und ich glaube auch nicht, dass Ihnen aus diesem Grund wirklich gekündigt werden kann.«

Frau Bachowiak schob ihre blonde Tussi-Dauerwelle zurecht. »Aha. Danke wegen dem Schreiben. Aber das werde ich schon selber regeln«, giftete sie – und zog mit ihrem Jungen von dannen. Ich musste zum Unterricht, aber so angespannt, wie ich war, wurde es keine gute Stunde. Nervös kehrte ich im Anschluss ins Lehrerzimmer zurück. Mir wollte das Gespräch mit Frau Bachowiak nicht aus dem Kopf gehen. Meine Konrektorin hatte mich in meiner Entscheidung bestärkt. Aber was, wenn das Ding für mich doch noch nach hinten losging? Die Kollegen beruhigten mich: »Du hast das ganz richtig gemacht.« Und: »Genau so hätte ich auch gehandelt.« Überhaupt sei Leon-Justin längst berüchtigt für seine Widerspenstigkeit. So viel Zuspruch, das löste die Anspannung ein wenig. Und doch entschied ich mich am Nachmittag, die Sache zwar einen Tag sacken zu lassen, Frau Bachowiak dann aber gleich am nächsten Abend noch einmal anzurufen.

Dummerweise kam sie mir sogar zuvor. Gegen 17 Uhr klingelte bei mir zu Hause das Telefon. Sie fing sofort an, aus allen Rohren zu feuern: »Ich muss mit Ihnen noch einmal über gestern reden. Ich hätte am Nachmittag ein Meeting gehabt. Das war beruflich für mich sehr wichtig. Gut, wenn ich zu meinem Kind muss – das geht mir über alles. Aber ich will Ihnen noch einmal sagen, Frau Harting: So etwas hat es noch nie gegeben. Mit Ihrer Vorgängerin, da haben wir immer eine Lösung gefunden. Mit der war das nicht alles so kompliziert.«

Vielleicht weil meine Vorgängerin Frau Tröller ihr nie auf den Zeiger gegangen war? Weil sie Leon-Justin alles durchgehen ließ, was es jetzt umso schwerer machte, ihn zur Räson zu bringen?

»Er ist doch ein Kind«, fuhr Frau Bachowiak fort, »was wollen Sie denn beim nächsten Mal machen? Wollen Sie ihn einsperren?«

Gar keine schlechte Idee, schoss es mir durch den Kopf. Laut sagte ich: »Nein, aber Leon-Justin muss die Grenzen kennen.«

So ging das noch eine Weile wie Pingpong hin und her. Frau Bachowiak blieb dabei, dass sie nicht glauben könne, dass ihr Filius jetzt plötzlich ein ganz Schlimmer sein solle. Und ich merkte, dass ich den kleinen, aber bedeutsamen Schritt weiter gegangen war als meine Kollegen. Ich hatte mich aus der Deckung gewagt – und stand jetzt im Kreuzfeuer.

An Schlaf war am Abend kaum zu denken. Und die Angelegenheit nahm weiter Fahrt auf. Am nächsten Morgen fand ich in meinem Fach einen Zettel der Schulleiterin vor. Frau Bachowiak hatte sich nun offiziell bei ihr darüber beschwert, dass ich Leon-Justin hatte abholen lassen. Das bedeutete, dass ein Gespräch zwischen der Schulleitung, ihr und mir anstand. Allmählich verstand ich, wo Leon-Justin seine Respektlosigkeit gelernt hatte. Auch seine Mutter suchte den Fehler offenbar nie bei sich selbst. Schlechte Voraussetzungen für das Gespräch. Schlechte Aussichten für mich?

Zum Glück sprang mir zum einen meine Schulleiterin bei. Sie hatte Leon-Justin auch schon oft genug beim Atrium beobachtet und ihn mehrmals persönlich aus dem Gebäude geschickt, wenn er in der großen Pause mal wieder im Treppenhaus statt auf dem Pausenhof anzutreffen gewesen war. Und zum anderen wollte Frau Bachowiak auch keinen Ärger. Weitere Angriffe gegen mich blieben aus. Sie schien eher verzweifelt. Offenbar hatte sie in ihrer Firma wirklich Druck bekommen, sodass ihr vor allem daran gelegen war, einen Anruf wie neulich in Zukunft zu vermeiden. Sie war alleinerziehend und musste sich auf die Schulzeiten verlassen können, wenn sie ihren Job nicht riskieren wollte.

Blieb also noch die Frage, was wir tun sollten, wenn Leon-Justin derart über die Stränge schlägt. »Er kann ja alleine nach Hause gehen. Er hat einen Schlüssel«, schlug Frau Bachowiak vor. Das ging natürlich nicht. Erneut breitete ich aus, wie wichtig es sei, dass der Junge die Sanktionen auch wirklich zu spüren bekommt. Ein freier Vormittag mit der Playstation ist für einen Achtjährigen schließlich keine Strafe. Und so blieb uns nichts anderes übrig, als in guter Hoffnung auseinanderzugehen, dass es nicht noch einmal zu einer so schwerwiegenden Verwicklung käme.

Am nächsten Tag nahm ich Leon-Justin in der Pause noch einmal zur Seite, um auch ihm einzuschärfen, was wir mit seiner Mutter besprochen hatten. Ich war froh, dass ich mit meinen Gefühlen wieder halbwegs im Reinen war. Bin ich zu streng? Habe ich richtig reagiert? Oder bin ich zu weich? Gibt es doch noch Ärger? All diese Fragen hatten mich tagelang beschäftigt und mich meine komplette Berufswahl infrage stellen lassen.

Die Antwort von Leon-Justin war leider ganz und gar nicht das, womit ich gerechnet oder worauf ich gehofft hatte. Denn das Gefühl der Reue kannte er immer noch nicht. Das ist schlimm genug. Noch schlimmer aber finde ich es, wenn die Eltern die Kinder in einer solchen Weltsicht auch noch bestärken. Wie ich darauf komme? Leon-Justin sagte, genervt und mit den Gedanken schon wieder woanders: »Ja, ja, meine Mutter hat mir das auch schon erklärt. Aber das war ja alles nicht meine Schuld, sagt sie. Es war die Schuld der Situation!«

Auf dem Hosenboden der Tatsachen

Uta Steger, Hauptschule, Krefeld

Vielleicht war es unfair. Aber ich musste irgendwohin mit meiner Wut, meinem Frust und meiner Überforderung. Und zwar sofort. Also rief ich die an, die auf jeden Fall ans Telefon gehen würde – meine Mutter. Und ich teilte ordentlich aus: »Mama, ihr habt echt alles falsch gemacht!« Vom anderen Ende der Leitung kam die erwartete fürsorgliche, verständnisvolle Antwort: »Schatz, Uta, jetzt beruhige dich doch erst einmal. Du bist ja ganz außer dir. Was ist denn passiert?«

Ich war ein in Watte gepacktes, verzärteltes, kleines rosa Plüschküken, das nun, kein halbes Jahr im Ref, zum ersten Mal gerupft wurde – und geteert und gefedert obendrein. Das war passiert. Und es tat verdammt weh. Deshalb war nun der Zeitpunkt gekommen, meiner Mutter ihr überbehütendes Gluckentum einmal deutlich zum Vorwurf zu machen. Schon mit 16 hatte es genervt: Alle durften am Samstagabend bis eins oder länger weg, ich musste schon vor Mitternacht zu Hause sein. Früher als das Jugendschutzgesetz es vorschrieb! »Du kannst ja schon um 7 Uhr zum Tanzen gehen. Dann bist du um 11 auch fertig«, pflegte meine Mutter zu sagen. Meine beste Freundin Marie durfte damals schon ihren Freund über Nacht dabehalten. Ich musste Steffen immer brav nach dem Abendbrot nach Hause schicken. All der Frust von damals entlud sich nun, zehn Jahre später, gleich mit: »Warum habt ihr mich so weltfremd erzogen und immer mit Samthandschuhen angefasst?«

Eine behütete Kindheit wünschen sich wohl alle. Und gerade an meiner Schule erleben viele im Elternhaus das Gegenteil. Aber für meinen Vater und meine Mutter wurde der Begriff der »Helikopter-Eltern« quasi erfunden: Eltern, die ständig um dich kreisen, überfürsorglich, wie ein Polizeihubschrauber im amerikanischen Fernsehen auf den Spuren des Delinquenten. Diese ewige Bemutterung, mit der ich als Jugendliche von der harten Wirklichkeit ferngehalten wurde, hatte mir heute neben einem schmerzenden Hintern auch einen ordentlichen Schock und eine halbe Stunde Heulen auf dem Lehrerklo beschert. Deshalb konnte ich einfach nicht anders, als direkt zum Handy zu greifen, während ich das Schulgelände verließ.

Meine Stimmung war am Boden. Wo auch mein Körper vorhin gewesen war. Außerdem hatte ich noch nie eine echte Prügelei gesehen. In Dinslaken am Niederrhein, wo ich zur Schule gegangen bin, gab es so etwas nicht. Ich war noch nie Zeuge von solcher Gewalt geworden. Auch wollte ich nach dem Abitur eigentlich Grundschullehrerin werden, bekam dann aber einen Studienplatz für die Sekundarstufe eins. Und weil mir das auch gut gefiel – die große Bandbreite von Heranwachsenden von der fünften bis zur zehnten Klasse – bin ich dabei geblieben. Vielleicht hätte ich ein Auslandssemester in Australien absolvieren sollen –

da sind Kneipenschlägereien ja angeblich an der Tagesordnung. Aber für die Fächer Deutsch und katholische Religion hätte mir das nicht direkt etwas gebracht. Die späte Rache für mein harmloses Vorleben kam also mit meinem ersten bedarfsdeckenden Unterricht.

Ich hatte eine Doppelstunde in der achten Klasse. Das Thema lautete: Wie schreibt man einen Bericht? Die ersten 45 Minuten waren um, und ich füllte in der Fünf-Minuten-Pause vorn am Pult das Klassenbuch aus – wer war anwesend, wer fehlte ... Ein paar Schüler standen um ihre Tische herum, andere schauten aus dem Fenster oder kauten auf einem Schokoriegel herum. Da wurde es in der letzten Reihe plötzlich laut.

Erik und Leon verstanden sich meistens ganz gut. Aber jetzt ging Leon an die Decke – und Erik an die Gurgel. Ein weiterer Schüler, Marc, ging gleich dazwischen. Aber da hatte Leon seinem Tischnachbarn schon mit der Faust eins auf die Nase verpasst. Unruhe brach in der Klasse aus. Die Mädchen kreischten, langsam wichen die Umstehenden von den beiden Streithähnen zurück. Ich war hilflos. Was sollte ich tun? Reflexartig sprang ich auf. Verhalten bei Klassenkeile, das lernte man nicht an der Uni. Und was, wenn die Situation eskalierte? Ich musste einschreiten.

Ich sah Blut aus Eriks Nase laufen und wies die anderen Schüler an, aus dem Weg zu gehen. »Könnt ihr euch bitte wieder hinsetzen?« Keine Reaktion. »Jungs!«, schrie ich mit mehr Nachdruck. Keine Reaktion. »Schluss jetzt«, verlangte ich mit sich überschlagender Stimme. Keine Reaktion. »Ruhe!«, piepste ich in schrillem Sopran, mein Herz klopfte bis zum Hals. Doch die Klasse war damit beschäftigt, die beiden Kontrahenten anzufeuern, die mittlerweile über den Boden rollten und heftig aufeinander einschlugen. Ich umrundete das Pult und stürzte los, in Richtung des Kampfschauplatzes. Da verlor ich den Halt unter den Füßen. Hart schlug ich mit Po und Rücken auf dem Boden auf. Und während ich noch nach

Luft rang und wie ein Marienkäfer mit Armen und Beinen strampelte, vernahm ich das laute Gelächter des Ringkampfpublikums.

Auf dem Fußboden im Mittelgang hatte ein College-Block gelegen. Diese Stolperfalle hatte ich nicht gesehen und war im vollen Lauf auf das Papier getreten, das dann zu meiner Rutschbahn in die Lächerlichkeit wurde. Ich habe oft gedacht: Lehrer an einer Hauptschule, das ist der wertvollste Job. Da kannst du Schülern helfen, sich eine Perspektive zu erarbeiten. Die Perspektive, ihnen am Boden liegend in ihre lachenden, feixenden Gesichter zu schauen, gefiel mir dagegen gar nicht.

Als ich mich wieder aufgerappelt hatte, sah ich, dass mein Stunt sogar die beiden Streithähne derart belustigte, dass sie voneinander abgelassen hatten. Ich stützte mich am nächsten Tisch ab. Wie sich herausstellte, hatte es zwischen Erik und Leon ein Missverständnis gegeben. Leon war der Ansicht, Erik hätte ihn übel beleidigt. Erik hatte nämlich zu Leon gesagt: »Du bist total scheiße geworden!« Das heißt im Hauptschuljargon, den ich heute besser beherrsche: Ich mache mir Sorgen um dich. Du hast dich verändert, und ich weiß nicht warum und was das soll. Erik hatte also eigentlich ein Gefühl der Nostalgie bewegt, aber Leon hatte nur »du« und »scheiße« verstanden.

Nachdem sich die Stimmung ein wenig abgekühlt hatte, machte ich unter dem Wasserhahn neben der Eingangstür einen Waschlappen nass und verarztete die blutende Nase von Erik. »Ist nicht so schlimm«, sagte der Junge. »Wir müssen wohl trotzdem eure Klassenlehrerin einschalten«, drohte ich. Das zeigte immerhin Wirkung. Bald kehrten alle auf ihre Plätze zurück, und wir gaben das Thema »Schreiben eines Berichts« in der zweiten Hälfte der Doppelstunde zugunsten eines Konfliktgesprächs auf: Wie kann man Streit unter Freunden ohne Gewalt lösen? Alle machten gut mit, immerhin. Ich weiß nicht, wie meine Nerven weitere Auseinandersetzungen verkraftet hätten.

Heute weiß ich, dass es das Wichtigste in einer solchen Situation ist, Ruhe zu bewahren. Hilfreich waren die Gespräche mit Kollegen, die Ähnliches erlebt hatten. Mein Tipp, am besten nicht auf einem College-Block auszurutschen, ist wohl wenig allgemeingültig. Diese Ausnahmesituation hatte jedenfalls dafür gesorgt, dass ich am Ende der Stunde ausgelaugt das Klassenzimmer verlassen und mich auf der Toilette im zweiten Stock eingeschlossen hatte.

Die Schuld, derart aus der Bahn geworfen werden zu können, gab ich auf dem Heimweg bekanntlich meiner Mutter. »Schatz, reg dich doch nicht so auf«, sagte sie, als ich meine wütende Erzählung beendet hatte. »Das war doch nur eine Klassenprügelei.« Sie hatte mal wieder gar nichts kapiert. Es war viel mehr als das. In der Straßenbahn fragte ich mich später, ob das tatsächlich der Job war, den ich wollte – ein Gedanke, der mich noch ein paar Wochen lang immer wieder quälte.

Der Moment, als ich wusste, dass ich es geschafft hatte, kam einige Monate später. Es war mittlerweile Winter geworden, und Schneeballschlacht-Verbot hin oder her: Es machten natürlich trotzdem alle. Als ich den Hof zur Aufsicht in der großen Pause betrat, sah ich, wie sich überall die Schüler hinunterbeugten, um mit ihren Handschuhen weiße Wurfgeschosse zu formen. Ich atmete tief aus, sah den Dampf vor meinem Mund aufsteigen und rief ein lang gezogenes, überhaupt nicht schrilles »Eeeeeey!« über den ganzen Platz. »Alle sofort die Schneebälle fallen lassen.« Missmutig und widerwillig richteten sich die Kids auf und klopften sich die Flocken von den Handschuhen. Ich hatte den Punkt erreicht, an den dich keine Eins in der Lehrprobe bringt. Ich war angekommen. Die Schüler respektierten mich. Das war der eigentliche Ritterschlag. An diesem Tag ging ich gut gelaunt und voller Selbstbewusstsein nach Hause. Das Handy blieb in der Tasche.

Rauchen verursacht Schalentier

Tanja Rohwedder, Hauptschule, Celle

Wie sagt man so schön? Es gibt keine Probleme, nur Herausforderungen. In meiner zehnten Klasse ähnelt die Herausforderung dem Versuch, im Rollstuhl die Eiger-Nordwand zu befahren. Ich unterrichte den B-Kurs Englisch. Im sogenannten B-Kurs sitzen alle, die im Vorjahr keine Zwei oder Drei im Zeugnis geschafft haben (Einsen gibt es sowieso nicht). Die mit den besseren Noten kommen in den A-Kurs, und mindestens einen A-Kurs in einem Kernfach brauchen die Schüler, um den Realschulabschluss zu erwerben. In meinem B-Kurs saßen fast ausschließlich solche, die es in keinem Fach auf den notwendigen A-Kurs gebracht hatten. Das heißt im Klartext: Den Hauptschulabschluss kriegen sie am Ende des Schuljahres eh, denn sie haben die erforderliche Versetzung geschafft. Und den Realschulabschluss haben sie schon verpasst.

Bisweilen treten hier Wissenslücken zutage, über die man nur noch den Kopf schütteln kann.

»Frau Rohwedder, was ist immer dieses ›i‹?«, fragte mich Tugçe eines Tages.

»Was meinst du, zeig mir das mal in deinem Buch.«

Sie meinte allen Ernstes das englische Wort »ich«, das sich bis in die zehnte Klasse nicht bis zu ihr herumgesprochen hatte. In einer anderen Stunde sollte die Klasse Warnschilder ins Englische übertragen. Also zum Beispiel: »Rauchen verursacht Krebs.« Was heißt das auf Englisch? Heraus kam dabei »Smoke crayfish«, also »Rauch Speisekrebs«. Melek hatte schlicht im Wörterbuch nachgeschlagen (was ja zunächst nicht falsch ist), das Verb weggelassen (»verursacht – kenne ich nicht, ist zu schwer«) und den kümmerlichen Rest wörtlich übersetzt. Ein bekanntes syntaktisches Muster: Wenn meine Schüler mal müssen, sagen sie ja auch nur: »Isch Toilette.«

Noch ein Warnschild: »Break glass in case of emergency« wurde in meiner Klasse zu »Den Container mit der Aufschrift emergency benutzen«. Und an einem anderen Tag lautete Celines fantasievolle Antwort auf die Frage »Was heißt Schlittschuhlaufen?« schlicht: »Schlittsching.« Man kann es sich vorstellen: In den zwei Klassenarbeiten, die wir bisher geschrieben haben, blieb mir bei manchen nichts anderes übrig, als an jeden Absatz ein großes Fragezeichen zu malen.

Immerhin für das Englisch bekannter Songs können sich meine Schüler begeistern: »Ey, Frau Rohwedder, kennst du ›Aff-affe luuu?‹« Seitdem fällt es mir schwer, die Zeile »I, I follow you« aus Lykke Lis »I Follow Rivers« beim Autofahren mit dem korrekten Text mitzusingen.

Mathe: Kontaminierte Zone

Hannah Lindt, Grundschule, Hannover

Es ist Donnerstag, im ersten Halbjahr meines Referendariats der beste Tag der Woche: Nur noch ein Tag bis zum Wochenende, und die dritte Stunde ist eine Freistunde. Ein Segen! Ich muss eine Geburtstagskarte an meine Oma schreiben und noch fünf Belege für die Steuererklärung kopieren, und ich will online ein paar todschicke graue Stiefel bestellen. Und natürlich kann ich die Zeit für die Vorbereitung meines Unterrichtsbesuchs nächste Woche nutzen – das wäre dringend nötig.

Als ich das Lehrerzimmer betrete, ist das Gefühl der großen Freiheit allerdings von einem Moment auf den anderen passé. In meinem Fach liegt ein Zettel von der stellvertretenden Schulleiterin: »Liebe Hannah, Herr Brodersen hat sich krankgemeldet. Kannst du bitte in der dritten Stunde in der 1b Mathe vertreten?« Oh nein! Das Fragezeichen ist in solchen Fällen natürlich rhetorisch zu verstehen. Der Personalmangel ist ein Dauerzustand. Und obwohl die 1b keine meiner Klassen ist und ich mit den ganz

Kleinen bislang noch gar nichts zu tun gehabt hatte – ich gab Mathe und Englisch in zwei dritten Klassen –, habe ich keine Wahl. Ich sage also leise Servus zu meiner Freistunde, lese an der magnetischen Wandtafel ab, was angesichts des Klassenstandes für die Vertretungsstunde infrage kommt, und greife mir das Mathe-Lehrbuch aus den Fächern mit den Lehrmaterialien.

Päckchenaufgaben im Zahlenraum bis 20 rechnen – immerhin, das ist dankbar. Nach der zweiten Stunde packe ich also meine Tasche und mache mich auf den Weg zum Klassenraum, der wie das Lehrerzimmer im Erdgeschoss liegt. Ich drücke die Tür auf und werde vom üblichen Tohuwabohu einer ersten Klasse empfangen. 21 Kinder befinden sich sonst wo, nur nicht auf ihren Plätzen. Eine Geräuschkulisse wie auf dem Indoor-Spielplatz. Oh Mann, und ich hätte noch nicht einmal hier sein müssen! Ich fordere alle auf, sich zu ihren Stühlen zu begeben, und stelle mich vor. »Hallo, Herr Brodersen ist krank. Ich bin die Frau Lindt. Wir arbeiten da weiter, wo ihr letzte Stunde stehen geblieben seid. Schlagt mal alle die Seite 32 auf und schaut euch die Aufgaben zwei bis vier an.«

Prima! Alle fangen brav an zu arbeiten. Ich schaue mich um. Vielleicht komme ich ja wenigstens dazu, die Karte an meine Oma zu schreiben? Ich weiß allerdings vom Hörensagen, dass die Klasse ein bisschen wilder sein soll. Unter den Jungen gibt es ein, zwei echte Rabauken. Deshalb lasse ich einen Kontrollblick über die Tische schweifen und trete einen Gang durch die Reihen an. Ich wollte eigentlich nie so werden, aber es ist mir längst in Fleisch und Blut übergegangen: Wie ein Polizist auf Streife schlendere ich leicht wippend durch die Reihen, die Hände hinter dem Rücken. Ein Blick nach links, eine hochgezogene Augenbraue rechts. Alles ruhig. Doch heute sollten es auch nicht die lauten Wilden sein, die diese zunächst so geruhsame Stunde letztlich zu einer Belastungsprobe für Sinne und Nerven machen … sondern die Stillen, Unscheinbaren. Ich sehe soeben zwei Schülern über die Schulter und helfe ein wenig beim Rechnen, da steht plötzlich ein kleines blondes Mädchen vor mir und zupft mich am Pullover: »Du, Frau Lindt, mir ist ganz schlecht.« Ich will schon irgendetwas sagen wie »Oh, sollen wir mal das Fenster aufmachen und ein wenig frische Luft hereinlassen?«, da geht es auch schon los: Das Mädchen erbricht sich direkt vor meinen Füßen auf den Boden.

Drei Gedanken fahren mir durch den Kopf: Erstens: Bitte nicht auf meine Schuhe! Zweitens: Zu spät. Drittens: Wahnsinnig, wie schnell sich dieser Gestank im Klassenraum ausbreitet!

Und was soll ich jetzt machen? Ganz allein? Die Klasse ist in heller Aufregung. Alle fangen an zu schreien. Es ist ein Lärm, als wäre in der New Yorker U-Bahn eine Massenpanik ausgebrochen. Die Kinder springen auf und laufen in alle vier Ecken des Klassenzimmers auseinander. Wie soll ich hier je wieder Ruhe hineinbringen? Zu allem Übel habe ich selber Erbrochenes auf den Schuhen. Jede Mutter und jeder Vater weiß, wie sich das anfühlt, wenn du alle Hände voll zu tun hast mit einem Kind, und dann schreit auch noch das zweite. So und noch schlimmer fühle ich mich jetzt: Ich muss dem kleinen, kreidebleichen Mädchen helfen – und auch noch 20 wild gewordene Schreihälse besänftigen! Am liebsten würde ich sie einfach wegschicken, damit ich mich in Ruhe um das Mädchen kümmern kann. Doch das geht ja schlecht, wenn ich nicht gegen meine Aufsichtspflicht verstoßen will.

»Wie heißt das Mädchen?«, frage ich einen kleinen Jungen. Aha, das ist also Pia. Ich muss Pia möglichst ohne weitere Eruptionen zum Waschbecken bugsieren. Sie weint bitterlich, und ich weiß nicht, ob vor Schmerzen oder weil sie sich so schämt. Ich stehe vor ihr wie der Polizeipsychologe vor dem bewaffneten Geiselnehmer – die Arme nach unten gerichtet, die Hände in beschwichtigender Pose: »Pia, alles ist gut. Wir gehen jetzt erst mal langsam nach vorne und wischen dir mit einem Papiertaschentuch den Mund ab.« Das rettende Waschbecken ist in der

Ecke neben der Eingangstür montiert. Und über allem dieser Gestank!

Wir haben es schon fast geschafft, und ich will gerade anfangen, sanft auf Pia einzureden, etwas in dem Stil »Du, ist gar nicht schlimm. So etwas passiert«, da höre ich hinter mir einen lauten »Iiihh«-Schrei und erneut ein Platschen. Ein kleiner Junge hat sich am anderen Ende des Klassenzimmers über seinen Tisch, seine Hände und Hose erbrochen. Neben der ersten Lache breitet sich eine zweite aus – dieses Mal mit Stückchen drin. Matthes, wie der Junge heißt, hat wohl besser gefrühstückt als Pia. Wie das stinkt! Und ich kann mir noch nicht einmal die Nase zuhalten, denn ich habe alle Hände voll zu tun.

»Macht mal schnell das Fenster auf«, rufe ich laut in die Klasse, während ich Pia hastig drei, vier Papiertücher aus dem Spender rupfe und in die Hand drücke. »Wisch dir damit den Mund ab und wasch dir Hände und Mund«, weise ich das Mädchen an, stelle ihr noch den Mülleimer hin mit dem Hinweis »Und wenn du noch mal musst, nimm den hier«, bevor ich nach hinten stürze, um Matthes beizustehen. Bah, ich kann die vollgebrochenen Schulsachen nicht anfassen. Matthes, ein dicklicher, tölpeliger Typ, ist gelassener als Pia, er wirkt fast unbeteiligt. Er beschreibt den Dominoeffekt: »Mir ist schlecht geworden, weil da Kotze von Pia auf meinem Mäppchen ist«, erklärt er gemächlich und mit monotoner Stimme.

Der Rest der Klasse muss jetzt leider alleine klarkommen. Mit einem Ohr schnappe ich ein paar Sätze auf: »Ist das eklig«, »Mein kleiner Bruder hat letzte Woche bei uns zu Hause auch alles vollgekotzt«, »Frau Li-hindt ...« Ein paar Meter weiter fangen zwei Jungs an, sich gegenseitig zu schubsen. Zwei Mädchen, die am nächsten bei Matthes stehen, halten sich die Nase zu. Und es wird immer schlimmer. Ich bekomme Panik, dass hier gleich ein, Verzeihung, Massenkotzen einsetzt. Endlich hat ein Junge eines der Fenster aufgekriegt. Selten habe ich mich so über eine frische

Brise von draußen gefreut. Ich atme durch, sprinte zurück zum Waschbecken und zupfe so viele Papiertücher aus dem Spender, wie ich tragen kann.

Pia schaut mich aus großen, traurigen Augen an. Immerhin hat sie aufgehört zu weinen. Ich tupfe ihr schnell ein paar Tränen von den Wangen und kehre zurück zu Matthes, um dort als Putzfrau aktiv zu werden. Mir ist speiübel. In mir drin brodelt es bedenklich, aber auch noch aus einem anderen Grund. Ich bin stinkesauer – auf den armen Herrn Brodersen, auf den Vertretungsplan, einfach auf alles! Klar, es geht immer wieder ein Virus herum. Magen-Darm-Krankheiten sind nichts Ungewöhnliches. Aber ich sollte doch noch nicht einmal hier sein! Dies ist nicht meine Klasse, nicht meine Kinder, dies ist meine verdammte Freistunde!

Und, schönen Gruß an Pias Eltern, kranke Kinder gehören ins Bett, nicht in die Schule! Von daher ist Herrn Brodersen auch wieder kein Vorwurf zu machen. Aber ich könnte jetzt auch in Ruhe mit einem dampfenden Kaffee im Lehrerzimmer sitzen und nichts tun. Wenn alles anders gekommen wäre. War es aber nicht. Stattdessen entschließe ich mich, die Aufsichtspflicht aufgrund der besonderen Umstände zu meinen Gunsten auszulegen. Neulich war ich zufällig am Kabuff unseres Hausmeisters Reinhold neben der Aula vorbeigekommen. Ich hatte mich noch gewundert, wofür er zwei große Tüten Katzenstreu bevorratet. Jetzt war ich stolz auf meinen Gedankenblitz. »Wer traut sich das schon zu, zum Hausmeister zu gehen und einen Sack voll Katzenstreu zu holen? Wer kann das?« Ich wähle zwei Mädchen aus und schicke sie los. Und wenig später – in der Zwischenzeit habe ich sowohl Pia als auch Matthes säubern und beruhigen können – schütte ich großzügig Katzenstreu auf dem Boden aus, um die beiden Lachen von Erbrochenem zu überdecken. Das hilft erst mal gegen das Gröbste.

Aber hier in diesem Klassenraum kann heute definitiv niemand mehr unterrichten. Also alle Hefte zu! »Geht mal bitte langsam alle auf den Flur.« Gott sei Dank gibt es keine weiteren Ausfälle. Ein paar Jungs fassen sich zwar an ihren Hals und tun so, als müssten sie würgen und spucken. Aber nichts weiter passiert und alle Kinder tun brav das, was sie sollen. In Zweierreihen verlassen sie den Klassenraum und spazieren über die große Freitreppe auf den Hof. Als alle bei den Spielgeräten angekommen sind, lasse ich mich auf der Bank neben dem Klettergerüst nieder.

Pia geht es weiter nicht besonders. Sie ist ganz bleich, und es ist klar, dass sie von ihren Eltern abgeholt werden muss. Ich hätte mich auch gern abholen lassen. Mir wird schon wieder ganz schlecht. Das Fenster des Sekretariats liegt zum Glück mit Blick auf den Hof. So kann ich die Sekretärin, Frau Holznagel, darum bitten, Pias Eltern zu verständigen. Matthes hält sich ganz gut. Er meint, er müsse nicht nach Hause. Und wie um seine Aussage zu unterstreichen, vertilgt er erst mal einen Schokoriegel. Hier draußen kehren nach einigen tiefen Atemzügen auch meine Kräfte langsam zurück. Ich bleibe in der Nähe von Pia, die ich auf die Bank gesetzt habe, versuche aber, ihr nicht zu nahe zu kommen.

Der Klassenraum blieb bis auf Weiteres kontaminierte Zone. Hätte ich eines dieser Schilder mit dem Zeichen für Biogefährdung zur Hand gehabt – ich hätte es von außen an die Tür gehängt. Ähnlich dachten wohl die Kollegen, die die Klasse in der vierten und fünften Stunde hatten – die 1b absolvierte ihren Unterricht an diesem Tag im Kunstraum, der glücklicherweise zur Verfügung stand.

Ich verließ die Schule mit einem flauen Gefühl im Magen. Mir war zum Heulen zumute, und den Rest des Tages war mir übel. Bis heute reagiere ich total empfindlich darauf, wenn es jemandem schlecht wird. Und immer hoffe ich, dass die Erinnerung an diese Vertretungsstunde im wahrsten Sinne des Wortes nicht noch einmal hochkommt.

Ein bisschen mehr Sinn für Ästhetik, bitte!

Michael Nöll, Grundschule, Unna

In mehrfacher Hinsicht arbeite ich im Ref im Mehrschichtbetrieb. Zum Beispiel an meiner Schule, da sind alle Schichten vertreten, vor allem die bildungsfernen. Der GU – der gemeinsame Unterricht – macht es möglich. Für alle, die das nicht kennen, weil sie einen ordentlichen Beruf haben: Wenn die Schule ein Fernsehsender wäre, würde ich bei RTL arbeiten. »Familien im Brennpunkt«, »Raus aus den Schulden«. Das pralle Leben, nur ungescriptet.

Da gibt es zum Beispiel Murat. Neulich war der Achtjährige mächtig stolz. Er hatte es geschafft, ganze 20 Minuten am Stück halbwegs konzentriert zu arbeiten. Das kommt nicht oft vor. »Herr Nöll, jetzt habe ich aber viel nachgedenkt«, sagte er. Er findet immer etwas, was er spannender findet als meinen Unterricht. Wie die meisten meiner Schüler nimmt er selten ein Buch zur Hand. Und noch seltener ist er mit mir einer Meinung. Ebenso wenig wie meine Fachseminarleiterin Deutsch, Frau Weingart. Eine absolute Marke.

Wenn Sie mit ihrem Mercedes SLK vorfährt, hast du das Gitarrenriff von George Thorogoods »Bad to the Bone« im Ohr, zu dem dann ein schlankes Frauenbein aus der Tür schwingt. Aus der Prada-Tasche an Frau Weingarts Arm lugt ein MacBook, in der Hand trägt sie ihr iPhone 5 spazieren.

Aber bevor jetzt jemand falsche Gedanken hegt: Sie kommt zum Unterrichtsbesuch in der dritten Klasse, Deutschunterricht, und ich bin jetzt schon fix und fertig. Stichwort Mehrschichtbetrieb: Die Ausbildung ist sehr darauf ausgelegt, dass der Auszubildende ordentlich und fleißig ist. Ich muss zugeben, leider eher der unorganisierte Typ zu sein. Mit der Unterrichtsvorbereitung hinke ich oft hinterher. Ohne Nachtschichten geht es deshalb nicht, bevor es ernst wird. Bis zum Letzten wird dann gewerkelt und geschnitten. Erst um Viertel vor zwei bitte ich die Laminier-Fee herein, wir trinken zwei Gläser Rotwein zusammen – dann kehrt endlich Ruhe ein.

Das Thema der Stunde: Die Schüler sollen selbst Detektivgeschichten schreiben. Sie sitzen artig an ihren Tischen, während ich vor der Tafel stehend vorstelle, was sie tun sollen. In den Tagen zuvor hatten sie an den Wänden Mindmaps aufgehängt, die sie als Stütze ihrer Arbeit nun nutzen sollten. Ein Papierbogen ist mit »Wichtige Personen in der Detektivgeschichte« überschrieben. Täter, Kommissar … Ein Plakat erinnert an den dreischrittigen Spannungsbogen aus Verbrechen, Ermittlung und Aufklärung. Mein Blick fällt in das hintere Drittel des Klassenraums. Dort findet jeden Montag der Erzählkreis statt, donnerstags tagt auf dem Fußboden der Klassenrat über Streitigkeiten und andere Probleme in der Klasse. Und dort hinten steht unter anderem ein weißer IKEA-Tisch. Er ist die einzige Möglichkeit im Raum (außer dem Fußboden), eine größere Menge Bücher abzulegen. Höchstpersönlich hatte ich an die 30 Kinderkrimis aus der Stadtbücherei ausgeliehen und im Rucksack in die Schule geschleppt. *Die drei ???, Die drei !!!, Detektiv Conan, Emil und die Detektive* – alle ordentlich gestapelt auf dem kleinen Tisch, Modell Lack.

Auf mein Startzeichen hin springen die Schüler auf und rennen dorthin. Jeder schnappt sich ein Buch, liest kurz hinein und kehrt dann auf seinen Platz zurück, um sich selbst eine Geschichte auszudenken. Zur weiteren Unterstützung der Schüler hatte ich Briefumschläge mitgebracht, die ich mit bunten Symbolen beklebt hatte. Wie kann mein Ermittler heißen? Zieh einen Zettel aus dem Umschlag, da steht zum Beispiel »Sherlock Holmes« drauf. Ebenso gab es Umschläge mit Vorschlägen für Verbrecher (Panzerknacker …), Zeugen, Opfer. Ich dachte an mein Arbeitszimmer zu Hause, das ich noch von den beim Ausschneiden übrig gebliebenen Papierschnipseln säubern musste. Ach ja, das Wohnzimmer auch noch. Ich schiebe den Gedanken beiseite und konzentriere mich darauf, die Schüler bei ihrer Aufgabe zu unterstützen. Und es lief wirklich gut. Das fand auch Frau Weingart.

Trotzdem wurde sie in der Nachbesprechung plötzlich ganz ernst. »Ja, also Herr Nöll, was ich Ihnen noch sagen möchte, das betrifft mein …«, und hier legte Frau Weingart eine bedeutungsvolle Pause ein, »… ästhetisches Empfinden.« Ich wusste erst einmal gar nicht, worauf sie hinauswollte. Ich war der Meinung, an der Grundschule sei es ohnehin besser, kein solches Empfinden zu haben. In Jeans und Pullover mit einer Horde Acht- und Neunjähriger, die gähnt, hustet und niest, wie es ihr gerade in den Sinn kommt, auf dem Fußboden zu sitzen und sich trotz 1,85 Meter, Bartwuchs und deutlicher Überschreitung der Volljährigkeit permanent duzen zu lassen (»Du, Herr Nöll, ich muss mal …«) – wo bleibt da mein ästhetisches Empfinden? Dass ich unordentlich sein kann oder fachlich danebengelegen haben kann, darauf war ich vorbereitet. Aber das hier hatte ich nun wirklich nicht kommen sehen.

»Ich habe mich in meinem ästhetischen Empfinden daran gestört, dass die Bücher nicht angemessen präsentiert wurden«, führt Frau Weingart aus. »Und die Kinder fanden das sicher auch nicht gut.« Die Kinder? Wie jetzt? Also noch einmal von vorn. »Ich hätte mir vorgestellt, dass Sie einen schönen, großen Tisch aufstellen, auf dem jedes einzelne Buch gut zur Geltung kommt und von den Schülern richtig wahrgenommen werden kann.« Im Klartext hatte sich Frau Weingart daran gestört, dass einzelne Bücher (von dreißig) auf der kleinen, quadratischen Tischfläche übereinander lagen. Man musste sie anfassen und hochheben, um sie zu betrachten und eine Eingebung für die eigene Geschichte zu bekommen. Die Bücher seien für die Schüler »nicht klar genug zu finden gewesen«, sie wurden »nicht ansprechend genug gewürdigt«.

Ich überlegte, wann meine Anwesenheit von den Kindern (von meiner Seminarleitung ganz zu schweigen) zuletzt gewürdigt wurde, ohne dass ich mein Vorhandensein lauthals betont hätte. Und was ich daran ansprechend finde, Neunjährigen mit dem Direktor zu drohen. Ja meine Güte, soll ich ein Chippendale-Sofa heranschleppen? Einen Ebenholztisch im Landhausstil, hätte ich Deckchen hinlegen, Blumen streuen sollen? Gebäck reichen? Bei Letzterem sagt kein Grundschüler Nein, egal zu welcher Uhrzeit. Aber wenn diese Kinder etwas gut gebrauchen können, ist es die Arbeit an den Beziehungen mit ihnen. Jeden Tag, jede Pause, jeden Gang über den Flur bist du mit den Kindern zusammen, gibst ihnen Ratschläge, hörst dir ihre Sorgen an, fünf Tage die Woche. Da steht keiner mit dem Benotungsbogen daneben. Stattdessen kommt über einen Zeitraum von 18 Monaten insgesamt zehnmal jemand für eine Stunde zu dir in den Unterricht und darf dann beurteilen, ob das was taugt, was du da machst. Frau Weingart macht das nun schon seit fünfzehn Jahren so. Eigenen Unterricht hat sie seit dem Wechsel in die Fachleitung nicht mehr gegeben. Sie hat wunderbare Theorien über all das. Aber einen Bezug zu meiner Klasse? Ich finde das, ehrlich gesagt, weltfremd.

Meiner Mentorin, seit immerhin 20 Jahren im Lehrbetrieb tätig, gab sie auch noch einen mit: »Sie müssen entschuldigen, dass ich das hier alles so ausbreite. Aber wir haben in den letzten zehn Jahren so viel über guten Unterricht herausgefunden – das dürfen wir den jungen Kollegen nicht vorenthalten. Bei Ihnen damals wussten wir das noch nicht so genau. Da galten noch andere Maßstäbe.«

Früher war also alles falsch, heute weiß man alles besser. Komisch, dass die PISA-Studie eher das Gegenteil nahelegt. Das denke ich natürlich nur und schlucke den Impuls, etwas zu sagen, herunter. Aber ich habe ganz schön lange darüber nachgedenkt.

Ey, warum sagst du mir das nicht letzte Woche? Dann hätte ich dem doch keinen geblasen!

Andrea Winter, Hauptschule, Braunschweig

Schon von Weitem sehe ich Annika Westhoff: In der einen Hand hat sie einen Stapel Broschüren, in der anderen einen Jutesack voller Gegenstände, die im weitesten Sinne mit Sex zu tun haben – von ihr treffend »Grabbelsack« genannt. Annika Westhoff tauscht die Ruhe und Beschaulichkeit ihres Büros im Braunschweiger Gesundheitsamt heute gegen meine 9b. Beim Thema Sexualaufklärung habe ich die Befürchtung, dass mir die Fantasien meiner hormongesteuerten Teenies um die Ohren fliegen. Deshalb habe ich sie als Verstärkung angefordert.

Gegen die Paarung aus dem Einsatz eigentlich noch ahnungsloser Referendare im bedarfsdeckenden Unterricht (kurz BdU – gern verbunden mit der einem aufmunternden: »Sie machen das schon«) und dem Lehrplan neunte Klasse Biologie ist kein Kraut gewachsen. Ich muss da durch. »Ach, wie gut, dass ich das nicht schon wieder machen muss«, hatte sich Frau Apeldonk – meine Vorgängerin als Bio-Lehrerin der Klasse – bei unserem jüngsten Aufeinandertreffen auf dem Flur noch gefreut. Das wundert mich nicht: Die rüstige Mittfünfzigerin (kein Ehering, dafür gern wadenlange Röcke in Schlammfarben) vermittelt nicht den Eindruck, als habe sie selbst in den vergangenen 25 Jahren ihr Oswalt-Kolle-Wissen an der Realität gemessen. Ihr letzter Gefühlsausbruch rund um Sex muss das Schmunzeln über eine Ausstrahlung von »Eis am Stiel« in den frühen Achtzigern gewesen sein. Sie spricht von »diesem Internet«, in dem sich die Schülerinnen und Schüler ja »alles Mögliche« ansehen. Und dass ich ja »viel näher dran an den jungen Leuten« sei. Laut meinem Personalausweis trifft das zumindest beim Geburtsjahrgang zu. Ich selbst finde mich aufgeschlossen, könnte frei nach Rainer Brüderle ein Dirndl ausfüllen und nehme solche Herrenwitze mit Humor. Trotzdem habe ich Muffensausen.

Der Blick in die erste Reihe erinnert mich an den Anlass meiner Befürchtungen. Besser gesagt sind es vor allem drei Anlässe: Viola feilt sich die pink lackierten Nägel. Maria hat gestern frisch beim »Münz-Mallorca« nachgebräunt, wie sie das selbst nennt, und stellt das Ergebnis äußerst freizügig zur Schau. Und Vanessa trägt einen Rock, den ich mir höchstens als Gürtel um die Hüften wickeln würde. Von Vererbungslehre und Zellteilung wissen sie nicht viel – aber wenn es um Hormone im weitesten Sinne geht, sind die Mädels auf Zack. Deshalb soll Frau Westhoff ihre »Verhütung zum Anfassen« besser selbst an die pubertierenden Schüler bringen, während ich mich diskret zurückhalte. Meine

Güte, die lassen aber auch nichts aus bei der Darstellung. Sicher, Schüler sollen sich aktiv am Unterricht beteiligen, und der Lehrer soll die kommunikativen Fähigkeiten der Schüler fördern. Er soll einen vorbereiteten Lernraum schaffen und einprägsame Bilder im Kopf der Schülerinnen und Schüler erzeugen. Aber wer denkt dabei an mich? So genau wollte ich's dann doch auch nicht wissen, und dermaßen einprägsam müssen die Bilder nun wirklich nicht sein!

In den Wochen zuvor hatte ich das Thema schwarzbrotmäßig mit der Klasse vorbereitet: Wir hatten die unterschiedlichen Verhütungsmethoden benannt, ihre Verlässlichkeit mit Zahlen beschrieben und alles fein säuberlich in eine übersichtliche Tabelle eingetragen. Enthaltsamkeit: 100 Prozent. Pille: 99,9 Prozent. Und so weiter.

Ich ermahne Viola, die Nagelfeile wegzupacken. Wir setzen uns im Kreis auf den Teppich im Klassenraum. Die Stimmung in der Klasse ist gelöst, Frau Westhoff macht auf lockere Gesprächsatmosphäre. »Ich gebe mal die Tasche rum, und ihr zieht nacheinander einen Gegenstand heraus. Und dann erzählt ihr mir, was ihr darüber schon wisst.«

Maria zieht das Diaphragma heraus, wendet es in den Händen und guckt außerirdisch. Allgemeines »Hä, was ist das denn?« und »Gib mal her!« ertönt. Danilo stülpt sich die Gummischale über die Nase. »Ey, Frau Winter, hab ich Flummi, aber ist nur halb!«

Frau Westhoff kommt mir glücklicherweise zuvor und erklärt sachlich, wie ein Diaphragma benutzt wird: »Man führt es in die Scheide ein, um zu verhüten. Vorher trägt man ein samentötendes Gel auf.« Lautes »Iiiiiiihhhhh«-Geschrei. »Und, das ist ganz wichtig, man muss es eine halbe Stunde vor dem Geschlechtsverkehr einführen.«

Danilo hat das Diaphragma jetzt voll gecheckt: »Voll Mist, ischwör. Musstu ja vorher wissen, dass ich will.«

»Du auch, aber vor allem deine Freundin«, stellt Frau Westhoff klar.

Der Nächste, bitte. Jasmin zieht die Pillenpackung heraus. Die Antibabypille kennen sie alle. Frau Westhoff fragt, wie sie eingenommen wird. Einmal am Tag, weiß Jasmin. Ich schalte mich ein: »Was ist denn, wenn man Durchfall oder Erbrechen hat?« Ja, was ist dann? Keiner weiß es. Großes Erstaunen, als ich erkläre, dass die Pille dann vielleicht nicht wirkt und man schwanger werden kann. Großes Raunen und Erstaunen in der Runde. Vanessa will eine Geschichte erzählen. Sie kennt eine, die ist schwanger geworden, obwohl sie jeden Tag die Pille genommen hat. Warum die ihre Wirkung nicht entfalten konnte, kommt hinterdrein: Das Mädchen hatte sich die Pille in den Popo geschoben. Viola meint, noch einen draufsetzen zu müssen: »Das war ja wohl für'n Arsch!«

Danilo hat ein breites Grinsen aufgesetzt. »Schützt wenigstens bei Analsex«, witzelt er.

Frau Westhoff und ich sagen jetzt lieber nichts.

Mit Spirale, Pflaster, Kondom geht der Sitzkreis zu Ende – Frau Westhoff erklärt geduldig Vor- und Nachteile und wie die einzelnen Verhütungsmittel angewendet werden. Als der Grabbelsack leer ist, gibt sie Hygienetipps (»Nur sauber ins Bett, sonst kann es Infektionen geben.« – »Iiiiiiiiiiiiih!«) und Ratschläge zur Aids-Prävention (»Welches Verhütungsmittel schützt vor HIV? Genau, die Pille nicht, das Diaphragma auch nicht, man sollte ein Kondom benutzen.«). Das Ende der Stunde naht. »Habt ihr noch Fragen?«

Ich rutsche unruhig auf meinen Knien auf dem Teppich hin und her und schaue auf die Uhr. Die Experten bringen sich in Stellung. Viola meldet sich. Man merkt ihr an, dass ihr das Folgende ein echtes Anliegen ist. »Ich hab meinem Freund neulich einen geblasen. Kann da was passieren?« Im Raum herrscht Stille. Kein »Iiiiihhhh«. Ich blicke beschämt und hoffnungsvoll Richtung Frau Westhoff. Sie erklärt ruhig, dass schon eine kleine Wunde im Mundraum dafür sorgen kann, dass das Virus in die Blutbahn gelangt. »Das merkst du vielleicht gar nicht.« Noch einmal bin ich froh, dass Frau Westhoff hier ist – und möchte mich im nächsten Moment vor ihr verstecken.

Denn Viola ist empört und vergisst sogar, sich die Nägel weiter zu feilen: »Ey, Mann, Frau Winter, warum sagst du mir das nicht letzte Woche? Dann hätte ich dem doch keinen geblasen!« Wenn Scham in Metern gemessen würde, stünde ich jetzt auf dem Empire State Building. Too much information! Ich könnte die Klasse über ihre Schuldigkeit belehren, dass, wer wissen will, auch fragen muss. Oder dass man im Leben nicht alles ausprobieren muss, was in der Schule noch nicht dran war. Oder oder … Frau Westhoff rettet mich mit Erläuterungen über die geringere Ansteckungswahrscheinlichkeit und klärt die Klasse über die Möglichkeiten von Aids-Tests auf.

Endlich läutet es zum Ende der Stunde. Frau Westhoff drückt jedem zum Abschied noch ein Kondom in die Hand. Wir verabschieden uns. Auf dem Weg zum Lehrerzimmer bin ich erleichtert, die Stunde überstanden zu haben. Aber ich weiß auch, dass ich mich nicht immer hinter einer Frau Westhoff verstecken kann. An der Schule, an der ich unterrichte, werden jedes Jahr einige Mädchen schwanger, und die sind wohlgemerkt höchstens 17, manchmal jünger. Im Kollegium an dieser Schule weithin bekannt ist zum Beispiel die Geschichte von Aileen, die so betrunken war, als es auf einer Party passierte – sie wusste nicht einmal, wer der Vater war. Zum Glück hat er sich dann bei ihr gemeldet. Drei Wochen nach der Geburt schob die 16-Jährige den Kinderwagen mit ihrem schlafenden Sohn ins Klassenzimmer. Ein halbes Jahr lang bekam er drei Tage die Woche einen Parkplatz neben dem Lehrerpult. An den anderen Tagen kümmerten sich die Großeltern um das Kind. Bis Aileen mit Baby vor der Brust ihren Abschluss gemacht hatte.

Auf dem Weg zum Lehrerzimmer breitet sich Erleichterung bei mir aus. Immerhin musste ich keine Fragen dazu beantworten, wie Sperma nach dem Genuss von drei Litern Bier schmeckt oder welche Zauberwurzeln aus Asien aphrodisierend wirken sollen. Solche Fragen waren nämlich meiner Mit-Referendarin Mareike an ihrer Schule gestellt worden.

Als ich die Tür zum Lehrerzimmer öffnen will, kommt mir Frau Apeldonk entgegen. »Und, haben Sie Viola klarmachen können, dass sie nicht mit jedem …?« Da war ich dann wirklich sprachlos.

Tausche Sportstunde gegen Schokoriegel

Silke Bissinger, Gesamtschule, Dortmund

Daniel war in meiner 6b der Turnbeutelvergesser – nicht sonderlich beliebt, ein bisschen verwirrt und ein bisschen dick. Für Typen wie ihn hatte sich unter meinen Schülern der Ausspruch »Der ist voll gedönert« eingebürgert. Unter Daniels T-Shirt zeichneten sich »Moobs« (Jungs-Brüste, männliche Oberweite) und ein Bauchansatz ab. Und wie es bei so vielen seiner Art der Fall ist, fiel bei ihm die horizontale Herausforderung mit der Abwesenheit cooler Klamotten zusammen: Was er an Bauch zu viel hatte, hatte er an Statussymbolen zu wenig. Während also die meisten Jungs in Markenschuhen und Bayern-, BVB- oder Deutschlandtrikots in die Sporthalle stürmten, erschien Daniel in einem braunen, labberigen Stück Stoff und No-name-Tretern an den Füßen. Er hätte einem leidtun können.

Doch Herr Kirchberger, an dessen Sportunterricht ich teilnahm, hatte mich davor gewarnt, Daniel zu unterschätzen. An der Schule gab es ein sogenanntes Trainingsraum-Modell: Wenn sich ein Schüler total danebenbenahm, wurde er dorthin geschickt. Auf einem DIN-A4-Blatt musste er dann schriftlich über sein Fehlverhalten sinnieren, und seine Eltern wurden zum Gespräch in die Schule einbestellt. Wer im Trainingsraum gleich dreimal pro Schuljahr aufschlug, bekam gar einen eigenen Tagesordnungspunkt in der Klassenkonferenz. Es war den Schülern also klar, dass ein Verweis in den Trainingsraum eine ernste Angelegenheit darstellte. Auch Daniel hatte es bereits dorthin geschafft, denn er verweigerte regelmäßig auf seine ganz eigene Art die Leistung. Er setzte sich einfach auf den Hallenboden und war zu nichts zu bewegen. Aber dazu später mehr.

Es war April, und ich war erst seit einigen Wochen an der Schule. Herr Kirchberger wollte zu einem Seminar fahren, um dort Lehrer aus dem ganzen Bundesland zur Ausbildung von Sporthelfern zu befähigen – eine große Sache! So kam ich zu meiner ersten Sportstunde unter eigener Leitung, und das auch noch ganz ohne Rückendeckung durch ihn am Rand. Er hatte noch gesagt: »Wir können den Unterricht auch ausfallen lassen. Sie müssen das nicht tun, wenn Sie sich das noch nicht zutrauen.« Doch das wollte ich auf keinen Fall auf mir sitzen lassen. Jahrelang hatte ich schon als Tennistrainerin gearbeitet. Ich war mit Kinder- und Jugendgruppen ins Trainingscamp gefahren und hatte erfolgreich 20 oder 25 Halbstarke ein ganzes Wochenende lang gebändigt. Da wäre es ja wohl gelacht, wenn ich nicht knappe 90 Minuten lang die 6b ruhigstellen könnte.

Die fünfte und sechste Stunde am Montag – keine leichte Situation. Denn zu Wochenbeginn müssen die Schüler traditionell erst einmal von den Erlebnissen des Wochenendes runterkommen. Du musst als Lehrer also doppelt gegen Lautstärke, Unaufmerksamkeit und Null-Bock-Haltung halten. Aber das Thema war dankbar: »Pritschen im Volleyball: Erarbeitung und Festigung des frontalen und zielgenauen Pritschens beziehungsweise Richtungspritschens aus dem Überkopfwurf, mit dem Ziel, eine volleyballähnliche Wettkampfform durchführen zu können«. In Dreier- und Vierer-Gruppen sollten die Schüler sich den Ball über die Zauberschnur zuwerfen und -pritschen und ihrem gespielten Ball nachlaufen – ein erster Schritt hin zum richtigen Wettkampfspiel.

Ich hatte also das komplette Wochenende am Rechner verbracht. Mithilfe von Unterrichtsseiten im Internet, Online-Auftritten von Trainern und Volleyballverbänden sowie aus Handbüchern stellte ich meinen geplanten Stundenverlauf zusammen, inklusive Hallenplan, didaktisch-methodischen Kommentaren und allem Zick und Zack. Aus Pappe schnitt ich übergroße Hände aus, um das Dreieck, das die Finger beim Pritschen am Ball formen, zu verdeutlichen. Und so saßen wir an besagtem Montag im Mittelkreis. Ich legte die Papphände um den grau-weißen Volleyball herum. Und die Schüler hörten zu. Sie hatten zum Aufwärmen »Hase und Jäger« gespielt, und jetzt war eine kurze Pause willkommen.

Zu Beginn der Stunde hatte ich noch einmal die Regeln wiederholt, die bis 13.20 Uhr gelten sollten:

1. Halle nicht ohne Erlaubnis verlassen.
2. Wenn ich rede, seid ihr still.
3. Wenn ich pfeife, wird das Spiel unterbrochen.
4. Die Schnur ist tabu.

Keine Ausnahmen. Keine Entschuldigungen. Herr Kirchberger hatte mir geraten, das noch einmal ganz deutlich zu sagen. Ich hatte mich in den Wochen zuvor schon gewundert, dass er immer so streng war. Denn soweit ich das überblickte, lief der Unterricht ziemlich störungsfrei. Dass das eine mit dem anderen zu tun hatte, kam bei mir erst um 13.25 Uhr an.

Die Zeit bis dahin zog sich, als hätte jemand an zwei Kernseminareinheiten eine Klassenkonferenz und zwei Sendungen mit

Florian Silbereisen drangehängt. Nicht dass ich auf meine Anweisungen Widerspruch bekommen hätte. Es interessierte die Mehrheit schlichtweg nicht, dass ich überhaupt da war. Um die Gruppen einzuteilen, hatte ich ein Kartenspiel herumgegeben. Jeder Schüler musste eine Karte ziehen. Die Damen sollten gegen die Könige spielen, die 10er gegen die 9er. Aber die Gruppen fanden sich erst gar nicht zusammen. Achtlos weggeworfen lagen die Karten auf dem Hallenboden. Die Mädchen weigerten sich, mit den Jungen zu spielen. Die Jungs wollten nicht mit den Mädchen. Aliye und Svetlana waren in den Umkleiden verschwunden. Ich pfiff und rief die Klasse im Mittelkreis zusammen. Doch Joschi, Florentin und Dustin kickten sich den Volleyball mit dem Fuß zu, und im hinteren Teil der Halle spielten sechs Kids Fangen. »Frau Bissinger, können wir nicht lieber Völkerball spielen?«, lautete einer der produktiveren Vorschläge, den Sina und Alina an mich herantrugen. Die rot-weiße Zauberschnur hing ramponiert in einem traurigen Bogen in der Mitte zwischen den Hochsprungständern nach unten. Viele Schüler standen einfach rum. Und einer saß.

Er war gar nicht erst aus dem Mittelkreis aufgestanden. »Daniel, die anderen wollen sich hier den Ball zupritschen. Steh auf und mach mit.« Doch Daniel wollte die Sache offenbar im wahrsten Sinne des Wortes aussitzen. Er hatte ähnlich trainiertes Sitzfleisch wie Helmut Kohl und die Ruhe Buddhas. Herr Kirchberger erzählte mir hinterher, dass Daniel es durchhalten konnte, zehn Minuten gar nicht mit einem zu reden. Er konnte extrem bockig sein. Meine Schüler würden sagen »beratungsresistent«. Aber was sollte ich tun? Sollte ich ihn unter den Armen packen und wegschleifen? Das war zum einen nicht wirklich erlaubt, und der Dünnste war er, wie gesagt, ja auch nicht. Mir blieb keine Wahl, als noch weiter auf ihn einzureden. Ich entschied mich für das Drohen: »Daniel, dein Verhalten ist sechs. Wenn du nicht sofort aufstehst und den Mittelkreis frei machst, schick ich dich in den Trainingsraum.« Und, oh Wunder: Daniel erhob sich und trottete zur Holzbank an der Hallenseite.

Trotzdem war das Ende meiner Kräfte bereits erreicht. Ich wollte nur noch die Zeit herumkriegen. Solange die sich nicht die Köpfe einschlagen oder den Geräteraum anzünden, lasse ich sie jetzt in Ruhe. Dass meine erste Stunde so enden sollte, war mir peinlich. Aber wenn alle nur Schießen statt Pritschen übten – egal. Ich setzte mich auf die Bank. Da fiel mir auf, dass Daniel verschwunden war. Mist, wo war der denn hin? Noch eine Baustelle! Zum Glück kam er in diesem Moment wieder zur Tür herein, setzte sich neben mich, packte ein Mini-Snickers aus und biss herzhaft hinein. So saßen wir eine Weile da, gemeinsam einsam. Und als mir Daniel aus seiner Tüte einen Schokoriegel anbot, hätte ich beinahe geweint.

Lernen von den Alten

Stefanie Noack, Grund- und Hauptschule,
Hamburg-Wilhelmsburg

Bald habe ich es geschafft. Das Ende des Ref naht. Und ich lebe noch. Aber es war anstrengend. Ich habe sehr viele Fehler gemacht und würde heute vieles ganz anders machen. Meine Ratschläge für all jene, die die härtesten Monate ihres Lebens noch vor sich haben?

1. Du musst am Ende der Nahrungskette stehen

Es ist die Wildnis da draußen. Wenn das Klassenzimmer eine einsame Insel ist, spielen wir »Herr der Fliegen«. Und du wirst wilde Tiere nicht zähmen, indem du ihnen den Knigge vorliest. Ein Leitwolf soll nicht gemocht werden, er hat keine Freunde. Er ist der Boss. Du musst dich also fragen: Bin ich Mann oder Maus? Kuchen oder Krümel? Du hast die Wahl. Aber jedes Mal, wenn Ali der Mann und du die Maus bist, verlierst du. »Du, Ali, wäre echt schön, wenn du mir heute mal nicht die ganze Zeit den Rücken zukehren wür-

dest« – das würde Chuck Norris ja auch nicht sagen. Und es heißt schließlich nicht: Bitte den Rasen nicht betreten. Sondern: Betreten verboten! Oder: Achtung, Einsturzgefahr! So musst du mit deinen Schülern sprechen. Sie reden ja selbst miteinander wie in SMS: »Bin Bus.« Oder: »Lassma Kiosk gehen.« Klare Ansagen, mit denen du dafür sorgen kannst, dass du am Ende der Nahrungskette stehst.

Die Erleuchtung kam mir an einem Dienstagabend beim Fernsehen. Stromberg sagte: »Chef ist kein Job für Eierlose. Chef ist wie'n Wecker. Keiner will ihn, jeder hasst ihn, aber ohne ihn würden alle immer nur pennen, pennen, pennen.« Ein anderes Mal dann: »Als Chef muss man sein wie ein Chamäleon, nur besser halt. Du musst nicht nur die Farbe ändern können, sondern das komplette Tier.« In der Sprache meiner Schüler: Ich Chef, du nix!

Seitdem arbeite ich daran, Wecker und Chamäleon zu sein. Denn erst, wenn deine Schüler dich kennen und akzeptiert haben – wenn du an der Spitze des Rudels stehst –, kannst du die Zügel lockerer lassen. Der Weg dahin ist hart und steinig und voller Proben und Hinterhalte. Und dir helfen eigentlich nur Zuckerbrot und Peitsche. Möglichkeit eins: das schwarze Buch. Es ist dein Gedächtnis und deine Peitsche. Am besten kaufst du dir sofort eins. Mich musste erst mein Mentor auf dieses effektive Instrument hinweisen – aber es wirkt. Du führst darin Listen über jedes Vergehen.

»Mert, das ist schon das dritte Mal in dieser Woche, dass du deine Hausaufgaben nicht gemacht/das Lineal durch die Klasse geschmissen/auf den Boden gespuckt hast/nicht zu meinem Unterricht gekommen bist …«

»Stimmt voll nicht, Frau Noack, war nur zweimal!«

»Doch, es steht alles hier drin!« Jedes Fehlverhalten muss eine Konsequenz haben, sonst läuft ab einem bestimmten Zeitpunkt jede Strafandrohung ins Leere. »So leid es mir tut: Ich muss jetzt den Klassenlehrer/den Direktor/deine Eltern/das Ordnungsamt informieren.« Zugegeben, manchen Störenfried beeindruckst du auch damit nicht. Aber du hast wenigstens was in der Hand. Und nur das verleiht dir Sicherheit.

Möglichkeit zwei: Zuckerbrot. Installiere ein Belohnungssystem. Dabei sollen die Schüler merken, dass sich Mitarbeiten und das Einhalten der Klassenregeln auszahlen. »Mert, ab heute gibt es für jede Stunde einen Smiley: einen lachenden, wenn du dich ordentlich benommen hast. Und einen traurigen, wenn nicht. Also Mundwinkel nach oben – gut. Mundwinkel nach unten – schlecht. Alles klar?« In das Belohnungssystem müssen auch die Eltern einbezogen werden. »Hallo Frau Özdemir, was würde Mert denn gefallen – wofür würde er sich richtig ins Zeug legen? Was bereitet ihm eine Freude?« Wenn er es schafft, sagen wir für den Anfang, eine Woche lang keine hängenden Mundwinkel zu kassieren, gibt es eine Belohnung. Dir als Lehrerin schwebt natürlich etwas pädagogisch Wertvolles vor wie ein gemeinsamer Familienausflug. Und wenn es nur ins Schwimmbad ist. Oder ein Buch. Bei uns in Wilhelmsburg haben die Kids ihre eigene Belohnungswährung: ein Besuch bei McDonald's. Das bringt uns zu Punkt zwei.

2. Verhalte dich taktisch

Ohne Bestechung geht es nicht. Sie sollte aber ausschließlich den Momenten vor der Lehrprobe vorbehalten sein. Sonst nutzt sie sich ab. »Bitte mal alle zuhören. Ihr habt jetzt viel über die Entdeckung Amerikas gelernt. Und nächste Stunde kommt der Herr Weinreich, das ist mein Seminarleiter, der will wissen, ob ich das gut hinbekommen habe. Das ist wichtig für mich, dafür kriege nämlich ausnahmsweise mal *ich* eine Note. Wenn ihr gut mitarbeitet, gucken wir die Stunde drauf einen Film. Ach ja, und vor allem: Kommt bitte alle – wenn ihr unbedingt schwänzen müsst, tut das bitte an einem anderen Tag.« So machen das alle.

Aber wer sich solche Kuhhandel im Alltag zur Regel macht, wird enden, als wolle er dem Clan-Paten unterbreiten, dass er aus der Familie, dem Drogengeschäft und der Schutzgelderpressung aussteigen will, um sich der Gemüsezucht zu widmen. Ich höre Dennis schon mit tabakheiserer Patenstimme hauchen: »Digger, so läuft das hier nicht.« Auf der Schule gilt das Gesetz der Straße, das vorsieht: Schüler halten sich nicht an Deals. Sie werden immer mehr wollen! Reiche ihnen den kleinen Finger, und sie nehmen die ganze Hand. Also verhalte dich taktisch klug. Und da kommt Punkt drei ins Spiel.

3. Überschätze deine Schüler nicht

Lass deine Schüler bloß nichts selbst entscheiden. Unterricht ist kein Wunschkonzert. An der Uni lernst du zwar, dass die Schülerinnen und Schüler sich den Stoff möglichst eigenständig erarbeiten sollen. Darüber gerät im Ref allerdings gern in Vergessenheit, dass die Schüler Regeln und Rituale brauchen – sonst tanzen sie dir bald auf dem Kopf herum. Seit ich mit Schülern arbeite, weiß ich: Auch 15-jährige sind nicht groß – selbst wenn sie noch so sehr auf dicke Hose machen. Denn auch wenn es Mittelstufe heißt, geht es oft genug zu wie im Kindergarten.

Ich kenne Kollegen, die müssen in der neunten Klasse unterrichten wie in der Grundschule: »So, jetzt holen bitte alle mal ihre rote Mappe raus [die Mappe für die Arbeitsblätter im Fach Gesellschaft. Das ist an Hamburger Schulen eine Mischung aus Politik, Erdkunde und Geschichte]. Und jetzt heften bitte alle das Blatt in die rote Mappe.« Als ich das hörte, stellte ich mir vor, wie es wohl wäre, Marcel und Ali mit dem Leisefuchs zum Stillsein aufzufordern. Ein absurder Gedanke, aber es ist wirklich wie in der Grundschule: Viele haben nicht einmal verinnerlicht, dass sie im Unterricht sitzen bleiben müssen. Vielleicht wäre eine Aufräummusik zum Ende der Stunde angebracht, wie in der dritten Klasse: Die

Gruppe, die ihren Tisch am schnellsten in Ordnung gebracht hat, bekommt ein Sternchen an der eigens für dieses Belohnungssystem aufgehängten Magnettafel.

Vielen Schülern an meiner Schule in Wilhelmsburg würden solche verlässlichen Signale und Rituale helfen. Zu Hause sind sie schon viel zu früh auf sich allein gestellt. Von morgens bis abends läuft die Glotze. Manuel zum Beispiel konnte sich nur schwer konzentrieren. Er passte nie auf, war mit den Gedanken ständig woanders und konnte keine zwei Sachen im Kopf behalten. Die Antwort der Eltern auf die Frage, woran das denn liegen könnten: »Wir wissen auch nicht, was mit ihm los ist. Aber wir haben ihm zur Strafe jetzt schon mal den Fernseher aus seinem Zimmer weggenommen.« Der Junge war acht – und ich so schockiert, dass ich in der Klasse eine Meldeprobe dazu machte, wer einen eigenen Fernseher hat: Zwei Drittel zeigten auf. Das erklärt umso besser, warum sich die Gespräche ständig um das *Dschungelcamp* und *DSDS* drehten. Womit es an der Zeit ist, sich Punkt vier zu widmen.

4. Achtung, deine Schüler sind schlau

Schon nach kurzer Zeit wissen deine Schüler genau, was geht und was nicht. Da war zum Beispiel Hüsseyn, ein stämmiger, für sein Alter überdurchschnittlich weit entwickelter Typ, den ich einmal im Sportunterricht aufforderte: »Hüsseyn, zähl doch bitte mal durch, damit wir Mannschaften einteilen können.« Keine Reaktion. »Hüsseyn, wird's bald?« Langsam und widerwillig bequemt sich Hüsseyn aufzustehen, stellt sich vor die Reihe seiner Klassenkameraden und fängt unter Zuhilfenahme des Zeigefingers an zu zählen: »Ein Wichser, zwei Wichser, drei Wichser …« Hüsseyns Freunde johlen, er findet sich obercool. Wer dann keine Antwort parat hat, hat verloren (siehe Punkt eins). Ich hatte damals keine.

Noch ein Beispiel gefällig? Eine Kollegin von mir wollte aus der Lehrerumkleide ein Pflaster für einen Schüler holen, der sich in der Turnhalle verletzt hatte. Zufällig warf sie dabei einen Blick durch das Fenster der Kabine, das zur Halle geht. Es waren seit dem Verlassen der Halle keine 15 Sekunden vergangen, aber die drei Oberchecker, die in der Klasse das Regiment führen, hatten den Klassentrottel in ihrer kurzen Abwesenheit mit dem Trapez bis unter die Decke gezogen. Damit sind wir bei Punkt fünf angelangt.

5. Anschreien hilft nicht

Entweder ist ihnen langweilig oder sie wollen mehr Aufmerksamkeit. Es gibt zwei Gründe, das Resultat ist dasselbe: Die Schüler stören. Radiergummi vom Bleistift abknibbeln und durch die Klasse werfen. Grimassen schneiden. Mit dem Lineal auf den Tisch schlagen. Laut rülpsen. Das sind so die Klassiker bei uns. Die Hoheit behältst du auf Dauer nur, wenn du zumindest ihren Respekt genießt. Sie sollen keine Angst vor dir haben. Aber Achtung. Ich habe die Erfahrung gemacht, dass die Lehrer, die als streng gelten, am Ende die beliebtesten bei den Schülern sind. Denn ich schätze, drei Viertel der Schüler in einer Klasse haben das Chaos selber satt. Sie wollen etwas lernen – und nicht, dass eine Handvoll Störer sie ständig davon abhält. Anschreien funktioniert dabei übrigens nicht. Das kennen die Schüler von zu Hause. Im Idealfall gelingt es einem, so entschlossen aufzutreten wie das Ausrufezeichen im Verbotsschild, und dann Raum zu haben für die guten Stunden. So jedenfalls habe ich es geschafft – bald.

Wie das Ref mein Leben verändert hat

Carsten Borgmeyer, Grundschule, Krefeld

1. Lebensmittel, die man nicht aufreißen kann, schmecken mir nicht mehr. Lebensmittel, die kein Glutamat enthalten, auch nicht.
2. Gehe nach Partys zwei Ortschaften weiter Brötchen kaufen, um meine Schüler nicht verkatert zu treffen (gehe aber eigentlich sowieso kaum noch weg).
3. Früher kannte ich sehr viele verschiedene Leute – heute fällt mein Freundeskreis nur noch in zwei Lager: Lehrer und flüchtige Bekannte.
4. Wann auch immer ich schlafen gehe – um 6.30 Uhr wache ich auf.
5. Habe mir eine Outdoor-Jacke gekauft – herrlich bequem und schön praktisch.
6. Habe neulich den Einkaufszettel meiner Freundin mit Rotstift korrigiert.

7. Orientiere mich nicht mehr an Monatsnamen oder Jahreszahlen. Erkenne die Jahreszeit nur noch an der Vorsilbe des Wortes »Ferien«.
8. Wenn ich etwas erzählen will, nummeriere ich die wichtigsten Aussagen – das Mindeste, um Aufmerksamkeit zu bekommen. Hilft das nicht, sage ich: »Jetzt pass aber mal auf ...«
9. Habe kein Wohnzimmer mehr – nur noch ein Arbeits- und ein Schlafzimmer.
10. Habe neulich im Kino den Leisefuchs gemacht, als die Reihe vor mir mit der Chipstüte raschelte.

Das ABC des Referendariats

ABB:

Ausbildungsbeauftragter. In manchen Bundesländern auch »Ausbildungskoordinator« (→ AKO). Die ABBs oder AKOs werden von der Schulleitung benannt und sind die Schnittstelle zwischen alles und allem. Zwischen Schule und Zentrum für Lehrerausbildung/Seminar, zwischen Referendaren und Schulleitung, zwischen Ref und Ref, zwischen Ref und Ausbildungslehrer. So sitzen sie, die in erster Linie die LehramtsanwärterInnen (→ LAA) beraten und unterstützen sollen, gelegentlich zwischen den Stühlen. Sie können Teil der Jury bei → UBs und → Lehrproben sein. Von ABB zu ABB oder AKO zu AKO schwanken Engagement und Unterstützung beträchtlich, berichten → LAA. Für nicht wenige ABBs sind die ein bis zwei Anrechnungsstunden (sprich: weniger Unterricht an der Front) die Hauptmotivation, sich der Betreuung von LAA anzunehmen.

AKO:

→ Vgl. ABB

Ausbildungsschule:

Auch Einsatzschule. Über die Zeit des Referendariats hinweg Quell der Freude oder des Grauens. Es gilt: Das Leben ist kein Wunschkonzert, und die Schule ist kein Ponyhof. Die Ausbildungs- oder Einsatzschule wird zugewiesen, von ganz oben. In Bayern zum Beispiel vom Staatsministerium, in Nordrhein-Westfalen von der Bezirksregierung. Nicht wenige Referendare gewinnen den Eindruck, dass ihnen auf diesem Weg die am wenigsten attraktive Schule in dem am weitesten vom angegeben Wunschort gelegenen Fleckchen Erde zugeteilt wird. Sogenannte Sozialpunkte können einem die Wunschschule näher bringen: Interessant, wer auf einmal schnell heiratet, die eben noch fidele Mutter pflegt, sich der örtlichen Regierungspartei, dem Kirchenchor oder dem Roten Kreuz anschließt.

BDU:

Abkürzung für »bedarfsdeckender Unterricht«, also Unterricht, der selbstständig durchgeführt wird. In der Regel nach einem halben Jahr im Vorbereitungs(!)dienst – manchmal auch schneller. Jede Medaille hat zwei Seiten. Der BDU auch. Je mehr der Referendar bedarfsdeckend unterrichtet, desto intensiver die Ausbildung – und je mehr BDU, desto mehr Geld spart der Staat. In Nordrhein-Westfalen mittlerweile umbenannt in die passende Bezeichnung SAU – offiziell steht das für »selbstständiger Ausbildungsunterricht«. Doch auch dort hat sich die Bezeichnung BDU gehalten, denn Referendare erleben den BDU als genau das: bedarfsdeckend. Also selbe Arbeit, weniger Geld.

Eltern:

Befremdliche und äußerst heterogene Spezies Mensch. Mutter und Vater. Oder Vater und Exfrau plus neue Frau. Oder Vater und Vater. Oder Mutter und Mutter. Oder Mutter und der Freund der Mutter. Oder die Tante und ihr Ex. Oder die Mutter und »der Penner, der uns im Stich gelassen hat«. Grundsätzlich gibt es drei Sorten von Eltern: 1) Diejenigen, die sich für ihr Kind interessieren, die auch den Elternabend gelegentlich besuchen, die sich dem Lehrer gegenüber kooperativ zeigen. Meist ehemals gute Schüler. 2) Die Lehrer-Hasser. Egal, was Schulleiter, Lehrer oder der Referendar sagen: Sie finden es doof und/oder wissen es besser. Ignoranz und Intoleranz werden offensichtlich an die Schüler vererbt. Meist ehemals schlechte Schüler, die sich selbst aber immer eine Zwei gegeben hätten. 3) Eltern, die sich gar nicht für ihre Kinder – und erst recht nicht für deren Lehrer – interessieren. Im ersten Moment angenehm, denn keiner legt sich mit einem an. Unterm Strich aber traurig. Meist Schüler, die die Schule selten von innen gesehen haben.

Extemporale:

Auch »Stegreifaufgabe« genannt. So heißen kurze, unangekündigte schriftliche Arbeiten/Tests an bayerischen Schulen.

GU:

Abkürzung für »gemeinsamer Unterricht«. Ein Konzept, das vorsieht, dass alle Kinder mit Förderbedarf am Regelschulbetrieb teilnehmen dürfen. Deutschland hat 2009 eine UN-Konvention ratifiziert, die vorsieht, dass dieser Anspruch in den Schulgesetzen verankert wird. Seitdem wird umgesetzt. Zu Kindern mit Förderbedarf gehören behinderte Kinder, aber auch solche mit beeinträchtiger »emotional-sozialer Entwicklung«, die Laien häufig schlicht als »verhaltensauffällige« oder »schwierige« Kinder bezeichnen würden. Nicht jeder ist der Ansicht, dass das das Unterrichten einer Klasse leichter macht.

Klasse:

Ansammlung mehr oder minder begabter Kinder oder verirrter Adoleszenter.

LAA:
Lehramtsanwärter, Synonym für Referendar.

Lärmampel:
Soll für Ruhe sorgen. Wird es in der Klasse zu laut, springt die Ampel von Grün auf Gelb und – wird es noch lauter – auf Rot. Der Gedanke: Der Lehrer muss nicht immer »Ruhe« schreien. Beeindruckt 16-Jährige nicht mehr besonders.

Lehrprobe:
Vorführstunde. Hier zeigt der Referendar was er schon alles über gutes Unterrichten gelernt hat. Nicht zu verwechseln mit gutem Unterricht oder der Wirklichkeit in normalen Unterrichtsstunden (siehe auch → UPP).

Leisefuchs:
Auch »Stillefuchs« oder »Schweigewolf« genannt. Handgeste, die an das Zeichen des Gehörnten der Heavy-Metal-Fans erinnert, die dazu Daumen, Zeigefinger und kleinen Finger abspreizen (gar nicht so leicht!) und die Hand in die Luft heben. Ursprünglich ein Zeichen, das das Böse abwenden soll (noch eine Parallele zum Leisefuchs). Beim Leisefuchs, mit dem Grundschullehrer (bisweilen auch Unterstufenlehrkräfte) ihre Schüler zur Ruhe anhalten, bleibt der Daumen eingeklappt und Mittel- und Ringfinger der anderen Hand verschließen senkrecht die eigenen Lippen. Der Leisefuchs ist eine feste Vereinbarung, ein Ritual, wie junge Menschen es brauchen, um sich an Regeln und die Folgen ihres Brechens zu gewöhnen. Funktioniert trotzdem nicht immer.

Mentor:
Begleiter des Referendars an der Schule. Nimmt ihn im Chaos des Lehrbetriebs an die Hand und ist im Idealfall ein erfahrener,

gestandener Kollege, der auch menschlich ein bisschen was auf dem Kasten hat und als vertrauensvoller Ansprechpartner dient. Soll fachlich und seelisch dabei helfen, sich zurechtzufinden und die neuen Aufgaben zu bewältigen.

Mitteilungsheft:

Gibt es an vielen Grundschulen. Hier hinein schreibt der Lehrer Nachrichten an die Eltern und umgekehrt. Auch Hausaufgaben können darin notiert werden.

Pädagogische Perspektiven:

In mehreren Bundesländern so etwas wie die zehn Gebote der Sportlehrer (wenn auch nicht auf zehn zu begrenzen). Verbindliche Leitideen dafür, was die Zielsetzung einer Stunde ist beziehungsweise was der Sportunterricht im Allgemeinen leisten soll. Zum Beispiel »Wahrnehmungsfähigkeit verbessern« oder »Gesundheitsförderung«. So können Laufen oder Trampolinspringen unter vielen Gesichtspunkten eine gute Sache sein, und begründen lässt sich das mit den pädagogischen Perspektiven. Weicht zum Beispiel in Nordrhein-Westfalen gerade dem Begriff »Inhaltsfelder«.

Ref:

Kurzform für Referendariat, die Ausbildung zum Lehrer. Dauert je nach Bundesland anderthalb oder zwei Jahre. Im Behördenjargon »Vorbereitungsdienst« genannt – laut Kultusministerkonferenz »die eigenständige, schulpraktisch ausgerichtete, abschließende Phase der Lehrerausbildung«. In den Worten der Betroffenen – einfach zurückblättern und lesen.

Studienseminar, Hauptseminar:

Die Berufsschule des Lehramtsanwärters. Hier sollen sie selbst noch etwas lernen. Darüber, wie man anderen besonders gut

etwas beibringt. Gibt es in der Abart a) Fachseminar: Dort lernt der angehende Lateinlehrer, wie man besonders gut das Tempus Futur oder die Mischdeklination vermittelt, und der Sportlehrer, wie die Hilfestellung bei der Rolle vorwärts funktioniert und b) Hauptseminar (auch Kernseminar) – für »übergeordnete, nicht fachspezifisch gebundene Inhalte« – also quasi für oberpädagogische Fragen. Angehende Maurer und Köche freuen sich jede Woche auf die Berufsschule – endlich mal ausschlafen. Wer mit Referendaren spricht, bekommt den Eindruck, sie würden lieber unterrichten, als ins Seminar zu gehen.

Seminarleiter:
Chef des Seminars. In den Augen der meisten → LAA entweder Witz- oder Hassfigur. Fast immer: weit weg von der Unterrichtswirklichkeit. Manchmal: ein echtes Vorbild.

SuS:
Lehrerjargon für »Schüler und Schülerinnen«.

UB:
Ref-Jargon für »Unterrichtsbesuch«. Heimsuchung des selbstständig vorbereiteten und geführten Unterrichts im Referendariat durch die Seminarleitung, den Direktor, den Mentor … eigentlich steht ständig irgendein UB an.

UPP:
Steht für »unterrichtspraktische Prüfung«. Der praktische Teil der Prüfung im zweiten Staatsexamen. Besteht aus einer Lehrprobenstunde im ersten und einer im zweiten Fach, die an einem Tag aufeinanderfolgend absolviert werden. Quasi der Tag X, auch ein Synonym für Psychoterror. »Der Prüfling zeigt, ob er die geforderten professionellen Kompetenzen erworben hat« (so heißt

es offiziell), um seinen Erziehungs- und Bildungsauftrag auszuführen – und die Jury aus Seminarleitern, Fachlehrer und Schulleitung bewertet die Vorführstunden am Examenstag. Neben der Langzeitbeurteilung fließt so zu gewissen Prozentsätzen eine punktuelle Bewertung in die Gesamtnote ein.

Verbeamtung:

Ziel jedes Referendars. Mittlerweile nicht mehr so leicht zu erlangen, wie Menschen außerhalb des Schulbetriebs (gibt es die?) gemeinhin denken.

Vier Phasen:

Hat jede Unterrichtsstunde (oder soll sie haben). Laut Lehrbuch sind dies i) Initiationsphase: Der Einstieg. Die → SuS erhalten einen Lernimpuls. Also: »Darum geht's, und ihr sollt euch heute dafür interessieren, weil …« ii) Orientierungsphase: Die Klasse an den Lerngegenstand heranführen. Also: »Kaugummis raus, zuhören – hier kommt eure Aufgabe.« iii) Transformationsphase: Hinarbeiten auf das Lernziel. Also: »Rechnet die Aufgaben 12 bis 16 auf Seite 43. Und keinen Mucks!« iv) Reflexionsphase: Über das Lernziel sprechen, Erlerntes bewerten und vertiefen. Also: »Warum klappt es beim Volleyball mit dem Pritschen nicht, wenn du dich nach hinten lehnst – was glaubst du, Luca?«

Vorbereitungsdienst:

Behördensynonym für → Ref

Und noch ein paar Sprüche …

»Wenn ich groß bin, bist du tot!«

~

»Mein Vater ist Makler – du kriegst nie wieder eine Wohnung in dieser Stadt!«

~

Referendarin: »Früher gab es noch keine Computer.«
Schüler: »Aber wie ist man denn dann ins Internet gegangen?«

~

Referendar: »Ibrahim, deine Einleitung im Erörterungstext ist ein bisschen knapp. Das ist ja nur ein Satz!«
Ibrahim: »Herr Müller, isch kleine Mann – isch kleine Einleitung.«

~

Im Unterricht steht *Die kleine Hexe* auf dem Programm. In einem Kapitel geht es um die Fastnacht.
Referendarin: »Was bedeutet das?«
Antonia: »Fastnacht heißt, wenn es nur ein bisschen dunkel ist.«

~

Referendarin: »Hör zu, Kadir, ich weiß, dass du rauchst. Das hat mir heute Morgen ein Vögelchen gezwitschert.«
Kadir: »Stimmt, da saß heute Morgen eine Amsel bei uns auf dem Dach.«

Schüler: »Ey Alter, Mann, kannste mal …«
Referendarin: »Ich bin nicht alt – und ich bin kein Mann. Wer das noch mal sagt, schreibt 100 Mal: ›Frau Müller ist kein Mann, sondern eine Frau. Sonst würde sie Herr Müller heißen.‹ Ist das klar?«

Dank

Ein Buch wie dieses schreibt man nicht allein.

Ich danke …

… allen Referendaren, die bereit waren, mir einen Teil ihrer denkbar knappen Zeit zu schenken und ihre schlimmsten, peinlichsten, lustigsten, schaurigsten Ausbildungsmomente in Gesprächen mit mir zu durchleben – trotz Lehrprobenstress, Termindruck, Übernächtigung und Zukunftsangst.

… allen Lehrern, Ausbildungsbeauftragten und Fachleitern für wichtige Hinweise und Vokabelhilfe.

… meiner Lektorin für die tolle, so freundliche und unkomplizierte Zusammenarbeit.

… meinen Schwiegereltern, meiner Schwägerin und Schwippschwägerin, die mir über ihre Arbeit im Schuldienst so viele wertvolle Einsichten und Kontakte vermittelt haben.

… meinen Eltern, die nicht müde wurden, in ihrem Bekanntenkreis Ansprechpartner aufzutun.

… meiner Frau für die unermüdliche gedankliche Reflexion und liebevolle Unterstützung.

… meinem Sohn, dessen Einschulung bald bevorsteht und der schon ganz gespannt auf das ist, was ihn dort erwartet – so wie ich!

112 Seiten
7,99 € (D) | 8,30 € (A)
ISBN 978-3-7423-0457-5

Rolfgang vong Goethe

Hallo i bims der Faust

Extremst wichtige Bücher vong Bildung her erklärt für 1 Jugend vong heute

Was ist das für 1 Bildung? Keiner weiß mehr, wer Schiller und Shakespeare waren, kennt dafür aber Shindy und Spongebozz. Zeit, dass finally mal jemand Klartext talked und euch die Classics der Weltliteratur in 1 Sprache näherbringt, wo jeder versteht. Dieses Buch enthält die importentsten Werke vong Bildung her – erklärt für 1 Jugend vong heute.

192 Seiten
9,99 € (D) | 10,30 € (A)
ISBN 978-3-86883-549-6

Andreas Hock

Bin ich denn der Einzigste hier, wo Deutsch kann?

Über den Niedergang unserer Sprache

Es war einmal eine Sprache, die vor lauter Poesie und Wohlklang die Menschen zu Tränen rührte. Die von Dichtern und Denkern immer weiter perfektioniert wurde. Die um ein Haar auf der ganzen Welt gesprochen worden wäre. Das aber ist lange her – und ein für alle Mal vorbei. Heute ist Deutsch ein linguistisches Auslaufmodell! Wie konnte es nur so weit kommen, dass unsere Kids zwar wissen, wer der Babo ist – aber keine Ahnung haben, wer dieser Goethe war? Warum wundern wir uns nicht, wenn uns die Werbung von Care Companys oder Createurs d'Automobiles erzählt? Und wieso, verdammt noch mal, nennen wir unsere Kinder Justin, Cheyenne oder Jeremy? Andreas Hock fand Antworten auf diese und viele anderen Fragen über den Niedergang unserer Sprache – der eigentlich vor Hunderten von Jahren schon begann und an dem nicht nur Friedrich der Große, Adolf Hitler oder Helmut Kohl Schuld sind. Sondern voll wir alle, ey!

Printed in Poland
by Amazon Fulfillment
Poland Sp. z o.o., Wrocław